BERKELEY
A METAFÍSICA DA PERCEPÇÃO

Editora Appris Ltda.
1.ª Edição - Copyright© 2025 dos autores
Direitos de Edição Reservados à Editora Appris Ltda.

Nenhuma parte desta obra poderá ser utilizada indevidamente, sem estar de acordo com a Lei n° 9.610/98. Se incorreções forem encontradas, serão de exclusiva responsabilidade de seus organizadores. Foi realizado o Depósito Legal na Fundação Biblioteca Nacional, de acordo com as Leis n°s 10.994, de 14/12/2004, e 12.192, de 14/01/2010.

Catalogação na Fonte
Elaborado por: Josefina A. S. Guedes
Bibliotecária CRB 9/870

Z95b
2025
	Zunino, Pablo Enrique Abraham
	    Berkeley: a metafísica da percepção / Pablo Enrique Abraham Zunino. – 1. ed. – Curitiba: Appris, 2025.
	    161 p. ; 21 cm. – (Ciências sociais).
	
	    Inclui bibliografia.
	    ISBN 978-65-250-7760-4
	
	    1. Berkeley, George, 1685-1753. 2. Percepção. 3. Distância. 4. Movimento. 5. Metafísica. I. Título. II. Série.
	
	                                                                                                      CDD – 110

Livro de acordo com a normalização técnica da ABNT

Appris *editorial*

Editora e Livraria Appris Ltda.
Av. Manoel Ribas, 2265 – Mercês
Curitiba/PR – CEP: 80810-002
Tel. (41) 3156 - 4731
www.editoraappris.com.br

Printed in Brazil
Impresso no Brasil

Pablo Enrique Abraham Zunino

BERKELEY
A METAFÍSICA DA PERCEPÇÃO

Appris editora

Curitiba, PR
2025

FICHA TÉCNICA

EDITORIAL
Augusto Coelho
Sara C. de Andrade Coelho

COMITÊ EDITORIAL E CONSULTORIAS
Ana El Achkar (Universo/RJ)
Andréa Barbosa Gouveia (UFPR)
Antonio Evangelista de Souza Netto (PUC-SP)
Belinda Cunha (UFPB)
Délton Winter de Carvalho (FMP)
Edson da Silva (UFVJM)
Eliete Correia dos Santos (UEPB)
Erineu Foerste (Ufes)
Fabiano Santos (UERJ-IESP)
Francinete Fernandes de Sousa (UEPB)
Francisco Carlos Duarte (PUCPR)
Francisco de Assis (Fiam-Faam-SP-Brasil)
Gláucia Figueiredo (UNIPAMPA/ UDELAR)
Jacques de Lima Ferreira (UNOESC)
Jean Carlos Gonçalves (UFPR)
José Wálter Nunes (UnB)
Junia de Vilhena (PUC-RIO)
Lucas Mesquita (UNILA)
Márcia Gonçalves (Unitau)
Maria Margarida de Andrade (Umack)
Marilda A. Behrens (PUCPR)
Marília Andrade Torales Campos (UFPR)
Marli C. de Andrade
Patrícia L. Torres (PUCPR)
Paula Costa Mosca Macedo (UNIFESP)
Ramon Blanco (UNILA)
Roberta Ecleide Kelly (NEPE)
Roque Ismael da Costa Güllich (UFFS)
Sergio Gomes (UFRJ)
Tiago Gagliano Pinto Alberto (PUCPR)
Toni Reis (UP)
Valdomiro de Oliveira (UFPR)

SUPERVISORA EDITORIAL Renata C. Lopes
PRODUÇÃO EDITORIAL Sabrina Costa da Silva
REVISÃO Jacqueline Barbosa
PROJETO GRÁFICO Amélia Lopes
PINTURA DA CAPA German Vizulis
REVISÃO DE PROVA Daniela Nazario

COMITÊ CIENTÍFICO DA COLEÇÃO CIÊNCIAS SOCIAIS

DIREÇÃO CIENTÍFICA Fabiano Santos (UERJ-IESP)

CONSULTORES
Alícia Ferreira Gonçalves (UFPB)
Artur Perrusi (UFPB)
Carlos Xavier de Azevedo Netto (UFPB)
Charles Pessanha (UFRJ)
Flávio Munhoz Sofiati (UFG)
Elisandro Pires Frigo (UFPR-Palotina)
Gabriel Augusto Miranda Setti (UnB)
Helcimara de Souza Telles (UFMG)
Iraneide Soares da Silva (UFC-UFPI)
João Feres Junior (Uerj)
Jordão Horta Nunes (UFG)
José Henrique Artigas de Godoy (UFPB)
Josilene Pinheiro Mariz (UFCG)
Leticia Andrade (UEMS)
Luiz Gonzaga Teixeira (USP)
Marcelo Almeida Peloggio (UFC)
Maurício Novaes Souza (IF Sudeste-MG)
Michelle Sato Frigo (UFPR-Palotina)
Revalino Freitas (UFG)
Simone Wolff (UEL)

A gente embarca para terras distantes, indaga à natureza, anseia o conhecimento dos homens, inventa seres de ficção, busca a Deus. Depois compreende que o fantasma que se perseguia era a si próprio.

(Sabato)[1]

*É o disco de Odín. Tem um só lado.
Na terra não há outra coisa que tenha um só lado.*

(Borges)[2]

---

[1] SABATO, Ernesto. *Hombres y engranajes*. Buenos Aires: Espasa Calpe; Seix Barral, 1993. p. 13: "Uno se embarca hacia tierras lejanas, indaga la naturaleza, ansía el conocimiento de los hombres, inventa seres de ficción, busca a Dios. Después se comprende que el fantasma que se perseguía era Uno-Mismo".

[2] BORGES, Jorge Luis. O disco. *In*: BORGES, Jorge Luis. *O livro de areia*. São Paulo: Globo, 1995. p. 115-119.

AGRADECIMENTOS

Agradeço ao meu orientador, Franklin Leopoldo e Silva, pelas precisas observações metodológicas; seu vasto conhecimento filosófico e a sua extraordinária disponibilidade foram fundamentais para a realização deste trabalho. Agradeço a Luiz Henrique Lopes dos Santos pelas indispensáveis arguições.

A Márcio Suzuki e Marta Kawano pelo material bibliográfico disponibilizado; a José Carlos Estêvão e Moacyr Novaes pelo incentivo à pesquisa; a Marilena Chauí e ao Grupo de Estudos sobre o Século XVII pela atenção e pelo apoio.

Agradeço, especialmente, a meu amigo Moysés Floriano Machado-Filho (*in memoriam*), por compartilhar comigo sua experiência e conhecimento, que contribuíram significativamente para o meu aprimoramento como pesquisador; a Enéias Forlin pela leitura de uma versão preliminar e pelos valiosos comentários; a Marie Márcia Pedroso, pela dedicação e pela amizade.

Finalmente, agradeço a Fapesp por ter financiado a pesquisa.

Namu Honmon Gueshu Sanpô Goho-on Shatoku no On Tameni
(Em retribuição aos débitos de gratidão)
Nam-myoho-rengue-kyo

Para Mirta e Enrique, meus pais.

APRESENTAÇÃO

Berkeley: a metafísica da percepção é resultado da minha pesquisa de mestrado, realizada no Departamento de Filosofia da Faculdade de Filosofia, Letras e Ciências Humanas da Universidade de São Paulo (FFLCH-USP) sob orientação do professor Franklin Leopoldo e Silva com apoio da Fundação de Amparo à Pesquisa do Estado de São Paulo (FAPESP). A dissertação foi elaborada e escrita entre 2004 e 2006, culminando com a banca de defesa do mestrado em junho de 2006. Por que publicar esse texto agora, em formato de livro? Devo reconhecer que isso se deveu a dois fatos contingentes, mas muito significativos: uma leitura inesperada da dissertação, pela professora Léa Silveira, que me comunicou o seu interesse no tema por questões relacionadas com sua pesquisa em filosofia e psicanálise; além disso, uma certa "onipresença" do professor emérito e filósofo brasileiro, Bento Prado Júnior, a quem recentemente dedicamos um evento em sua homenagem — *Presença e outras leituras* (27 e 28 de novembro de 2024, na FFLCH).

O motivo desse evento era justamente a comemoração dos 35/60 anos do seu livro: *Presença e campo transcendental: consciência e negatividade na filosofia de Bergson*. O livro foi escrito em 1964 e permaneceu 25 anos guardado até finalmente ser publicado pela Edusp em 1989. Com as devidas distâncias entre a genialidade de Bento e a minha humilde contribuição, o fato é que essas coincidências, frutos do acaso, inspiraram a decisão de publicar o meu livro sobre Berkeley 18 anos depois. Optei por não fazer alterações substanciais no livro, precisamente, para conservar um pouco da essência, em estado puro, do tempo que o professor Franklin Leopoldo e Silva me dedicou como orientador. Além do mestrado, publiquei minha tese de doutorado sobre Bergson em 2012, também sob orientação dele e a quem gostaria de dedicar esta publicação.

Todas as passagens dos textos de Berkeley citadas neste livro foram extraídas de *The Works of George Berkeley Bishop of Cloyne*[3], editado por Arthur Aston Luce e Thomas Edmund Jessop em 1979. Nas notas, indicamos a referência desta publicação como **Works**, especificando o título abreviado da obra de Berkeley conforme a lista abaixo:

PC - *Philosophical commentaries – commonplace book* (1707-8)

NTV - *An essay towards a new theory of vision* (1709)

Principles - *A treatise concerning the principles of human knowledge* (1710)

Dialogues - *Three dialogues between Hylas and Philonous* (1713)

De Motu - *De motu* (1721)

TVV - *The theory of vision, or visual language shewing the immediate presence and providence of a deity, vindicated and explained* (1732)

Também adotamos a seguinte abreviação nas referências de John Locke:

Essay - *An essay concerning human understanding* (1690)

---

[3] BERKELEY, George; LUCE, Arthur Aston (ed.); JESSOP, Thomas Edmund (ed). *The Works of George Berkeley Bishop of Cloyne*. Nendeln, Liechtenstein: Kraus Reprint, 1979. 9 v.

SUMÁRIO

INTRODUÇÃO
O ESTRANHO MUNDO DA EXPERIÊNCIA 17

CAPÍTULO I
CONTEXTO FILOSÓFICO E INFLUÊNCIAS 29
1.1 Cartesianismo, ceticismo e corpuscularismo 29
1.2 O dualismo das substâncias 38
1.3 Qualidades primárias e secundárias 41
1.4 A ideia geral abstrata 45

CAPÍTULO II
A TEORIA DA PERCEPÇÃO 47
2.1 Identificação entre ideia e objeto sensível 47
2.2 Sensíveis próprios – sense data 55
2.3 Objetividade inerente ao sujeito 60
2.4 Percepção direta e indireta 62
2.5 Percepção visual da distância 69
2.6 O problema de Molyneux 81
2.7 As guias de distância 88

CAPÍTULO III
TEMPO, ESPAÇO E MOVIMENTO 101
3.1 Idealismo e mecanicismo 101
3.2 Algumas considerações sobre o tempo 105
3.3 Do movimento – a crítica de Berkeley a Newton 112
3.4 Causalidade metafísica e linguagem 139

CONCLUSÃO 147

REFERÊNCIAS 155

INTRODUÇÃO

O ESTRANHO MUNDO DA EXPERIÊNCIA

A filosofia de Berkeley também tem um lado só: o lado espiritual. No conto *O disco*, Borges apresenta um disco que é brilhante de um lado, mas imperceptível do outro. A diferença entre Berkeley e seus contemporâneos é esta: o mundo de Berkeley não tem um "outro lado", um lado oculto. Para Descartes, existem dois mundos: o do pensamento e o exterior, aquele mais fácil de conhecer do que este. Para Locke, não há nada como nossas ideias nos próprios corpos, pois elas são apenas representações causadas pelas qualidades inerentes à substância material. Newton, por sua vez, atribui o movimento dos corpos a uma força oculta. Para Berkeley, no entanto, somente existe percepção e experiência: o mundo sensível que nós percebemos como ideias ou conjuntos de ideias, sucedendo-se constantemente no fluxo da nossa experiência ordinária, é prova suficiente da existência de um Espírito Supremo que é a verdadeira causa dessas ideias e do nosso próprio espírito.

Levando em consideração a visão do escritor argentino Jorge Luis Borges, podemos caracterizar a filosofia de Berkeley como a passagem de um mundo familiar – o mundo da experiência – para um mundo totalmente estranho[4]. Borges deve ter admirado a

---

[4] Apesar de não ser um comentador consagrado de Berkeley, nem mesmo um filósofo; existem algumas obras literárias de Borges que denotam um certo interesse na filosofia de Berkeley. A tese de doutoramento de Marta Kawano (FFLCH-USP), por exemplo, examina a aproximação entre Borges e Berkeley, mostrando que o escritor argentino interpreta a filosofia de Berkeley como a "passagem de um mundo familiar para um mundo totalmente estranho". Esse contraste, de certa forma, inspirou o *Capítulo III* desta pesquisa, pois o imaterialismo berkeleyano, ainda que de maneira muito peculiar; consegue dar conta dos conceitos de espaço, tempo e movimento sem abandonar o mundo da experiência. Entre os ensaios de Borges que discutem as concepções de Berkeley, destacamos: BORGES, Jorge Luis. La encrucijada de Berkeley. *In*: BORGES, Jorge Luis. *Inquisiciones*. Buenos Aires: Proa, 1925; e BORGES, Jorge Luis. Nueva refutación del tiempo. *In*: BORGES, Jorge Luis. *Otras inquisiciones*. Madrid: Alianza, 1981.

originalidade e a clareza literária de Berkeley, que sempre apelou para o senso comum e até conseguiu persuadi-lo de que as coisas (objetos sensíveis) que aparentemente se encontram no mundo exterior existem, na verdade, em nossa mente; mas, quando percebeu que Berkeley estava tentando provar a inexistência da matéria, Borges deve ter recuado, tachando esse mundo berkeleyano de, no mínimo, estranho. Warnock, este sim comentador de Berkeley, acredita que essa é a típica (*typical*) reação daqueles que criticam precipitadamente o imaterialismo.[5] Todavia, os argumentos de Berkeley sobrevivem nas discussões filosóficas contemporâneas, o que justifica uma pesquisa como esta.

Mas não foi somente Borges que se espantou com a resposta de Berkeley à pergunta pela existência da matéria e do mundo exterior. Ora, será que a matéria é mesmo imperceptível? Posta dessa maneira, essa questão provocou reações mais enérgicas, como a do Dr. Johnson, que tentou "refutar" a teoria da percepção de Berkeley chutando uma pedra na presença de Boswell. Para Luce, o problema é saber se de fato ambos perceberam a pedra que somente ele chutou. Johnson pode ter chutado a pedra, mas certamente perdeu o ponto, uma vez que sua convicção sobre a corporeidade de uma pedra não demonstra que ela tenha uma existência real e independente da mente. Pelo contrário, isso apenas confirma a tese de Berkeley que ele pretende refutar, pois o chute nada mais é do que uma percepção tátil em nossa mente que, de fato, Boswell só poderia perceber se chutasse ele mesmo a pedra.[6] Mas Boswell também deve ter "visto" a pedra e o "movimento" dela quando foi chutada por Johnson. Todavia, para interpretar corretamente o pensamento de Berkeley a respeito desse ponto, devemos distinguir dois problemas diferentes – distância e movimento – que se relacionam entre si e serão analisados nos próximos capítulos deste livro.

---

[5] WARNOCK. *Berkeley*. London: Peregrine, 1969.

[6] O episódio do Dr. Johnson é citado por vários comentadores, entre eles: LUCE, Arthur Aston. *Berkeley's Immaterialism*. London: Nelson, 1945. p. 80; e TIPTON, Ian Charles. *Berkeley*: the philosophy of immaterialism. New York & London: Garland, 1988. p. 16.

No primeiro capítulo, pretendemos introduzir os principais problemas com os quais Berkeley se deparou na época em que formulava suas teses. Visto que o desenvolvimento científico do século XVII havia tornado a filosofia inacessível para o senso comum, Berkeley decidiu assumir o papel de simplificar essas teorias que ainda fomentavam o ceticismo. Com base nos comentadores e no título completo da sua obra primordial[7], definimos a estratégia de Berkeley da seguinte maneira: "defender o senso comum refutando o ceticismo e defender a religião refutando o ateísmo".[8] A referência fundamental para compreender as preocupações desse período é o pensamento de Descartes, mas o *Essay on human understanding*, de Locke, sobressai por ter dado forma filosófica à teoria corpuscular de Newton, que, como se verá no decorrer da dissertação, constitui o alvo da crítica de Berkeley.

No segundo capítulo, examinamos os principais argumentos da teoria berkeleyana da percepção, conforme apresentada em *A treatise concerning the principles of human knowledge* (1710). Nessa obra, Berkeley expõe sistematicamente sua filosofia, cujo núcleo pode ser encontrado na fórmula *esse est percipi*.[9] O propósito desse capítulo é elucidar o sentido dado pelo autor aos conceitos de *ideia* e *espírito* visando, com isso, proporcionar uma compreensão nítida da identificação entre ser e perceber, a partir da qual Berkeley constrói o imaterialismo.

Ainda no segundo capítulo, analisamos o problema da percepção visual da distância, discutido por Berkeley em sua primeira obra publicada, *An essay towards a new theory of vision* (1709). Sem recusar ainda a existência do mundo material, Berkeley tenta mostrar que nós não "vemos" a distância em si mesma, uma vez que, entre nosso corpo – ou nossos olhos – e o objeto que supostamente se encontra a nossa frente, não existe nada visível além

---

[7] BERKELEY. Um tratado sobre os princípios do conhecimento humano onde as principais causas do erro e dificuldade nas ciências, com os pontos de vista do ceticismo, ateísmo e irreligião são investigadas. *In*: Works.

[8] GRAYLING, Anthony Clifford. *Berkeley*: the central arguments. Illinois: Open Court, 1986. p. 1.

[9] "Ser é ser percebido" (BERKELEY. Principles, § 3. *In*: Works.)

do próprio objeto. Portanto, Berkeley mostra que a distância não pode ser uma ideia *propriamente* percebida pela vista, e sim *sugerida* à nossa mente por meio de uma associação de ideias engendrada na experiência.

No terceiro e último capítulo, analisamos a crítica de Berkeley à concepção newtoniana de movimento absoluto, publicada na obra *De Motu* (1921). Segundo Berkeley, não podemos definir a natureza do movimento em função de hipóteses matemáticas ou abstrações, pois dessa forma estaremos lidando sempre com medidas relativas e não com a verdadeira causa do movimento. A concepção de causalidade de Berkeley introduziu a distinção entre física e metafísica, sendo a mecânica uma ciência instrumental que estabelece leis gerais a partir da observação dos fenômenos e determinando quais se sucedem na presença de outros. A filosofia primeira, entretanto, preocupa-se com causas espirituais, que são incorpóreas e conservam a verdadeira existência das coisas. Ainda nesse capítulo, examinamos duas passagens dos *Principles* que Berkeley dedicou à questão do tempo. O interesse nesse tema pode ser justificado, tendo em vista o desenvolvimento da crítica de Berkeley à existência de um mundo exterior à mente. Nesse sentido, a explicação de Berkeley para o fenômeno da percepção visual da distância sugere que o espaço exterior é uma construção mental. Além disso, Berkeley vai distinguir a vontade espiritual como a verdadeira causa do movimento, dispensando as hipóteses matemáticas de Newton. Contudo, Berkeley dedicou poucas linhas à questão do tempo. Alguns comentadores sugerem que Berkeley teria desenvolvido esse tema junto com outros escritos sobre a mente, que consolidariam a segunda parte dos *Principles*. Porém, o próprio Berkeley confessou ter perdido o manuscrito:

> O manuscrito foi perdido há aproximadamente catorze anos, durante minhas viagens na Itália, e desde então eu nunca tive tempo livre para fazer uma coisa tão desagradável como escrever duas vezes sobre o mesmo assunto.[10]

---

[10] BERKELEY. Cartas a Samuel Johnson. *In*: *Works* II, p. 282.

Todavia, para proporcionar uma caracterização completa do mundo da experiência sensível, não podemos ignorar esse tema, visto que espaço, tempo e movimento constituem a estrutura geral da percepção humana e são conceitos que frequentemente se relacionam entre si – portanto, admitem uma análise análoga. Assim, incluímos uma breve caracterização da física cartesiana, indicando alguns pontos de contraste com a física newtoniana. Embora se trate de duas concepções mecanicistas do mundo, a visão cartesiana não admite a existência absoluta do espaço, do tempo e do movimento. Para Descartes, a substância extensa – os corpos – preenche totalmente o universo, não havendo, portanto, espaço vazio. Nesse sentido, a crítica de Berkeley a Newton aproxima-se da visão cartesiana, ainda que sua concepção de "corpo" seja completamente diferente. A análise instrumentalista de Berkeley vai distinguir a causalidade física, que serve para formular leis a partir da observação dos fenômenos, da causalidade metafísica, que diz respeito à verdadeira realidade das coisas e permite compreender a concepção berkeleyana de "corpo". Levando em conta esses aspectos, a tese subjetivista de que o tempo é uma *sucessão de ideias na mente* pode ser considerada do ponto de vista da linguagem. Berkeley pensa que a percepção é uma linguagem divina, visto que Deus imprime sensações em nossa mente de uma maneira ordenada e constate. Essa observação aproxima a filosofia da Berkeley ao pensamento de Malebranche, para quem a matéria seria uma série de ocasiões constantes e regulares, que permitem a Deus excitar ideias em nós.

A diferença é que Berkeley vai dispensar qualquer concepção de substância material, inclusive a de Malebranche – por ser *"extravagante demais para merecer qualquer refutação"*.[11] Berkeley admite unicamente a substância de natureza espiritual. Deus, tendo em vista o bem-estar de suas criaturas, comunica diretamente as ideias às mentes finitas, estabelecendo de tal modo uma linguagem natural, constituída de percepções antes que de palavras;

---

[11] BERKELEY. Principles, § 71. In: Works.

uma linguagem de cores, sons, cheiros, sabores, texturas e demais sensações táteis, compreensível por todos os homens, seja qual for a língua materna que eles possam herdar. A metáfora do músico que lê uma partitura – Berkeley interpretando o *ocasionalismo* de Malebranche – também ilustra a tese da linguagem divina, pois a música é uma intensificação da linguagem, e o som um elemento sensível e espiritual:

> [...] *há certas* ideias de não sei que espécie na mente de Deus, que são como sinais ou notas a dirigi-lo na produção *de* sensações *em nossas* mentes por um método constante e regular – *à maneira de* um músico dirigido pelas notas musicais para produzir a harmoniosa composição *de sons* chamada melodia, embora os ouvintes sejam inteiramente ignorantes das notas.[12]

Deus pode estar lendo as notas – arquétipos divinos – que nós percebemos como ideias sensíveis, de modo que, no curso da experiência ordinária, o mundo se nos apresenta imediatamente como uma estrutura espaço-temporal. O grande desafio é saber interpretar as *leis da natureza* e regular a nossa ação para a utilidade da vida.[13] Nesse sentido, a filosofia tem um papel fundamental para Berkeley, mas não devemos permitir que o afã da razão, por superar os erros dos sentidos, conduza-nos a um beco sem saída, longe do senso comum e à mercê do ceticismo. Berkeley estranha que os filósofos da sua época não se dediquem mais a procurar a felicidade e, em lugar disso, imaginem que por trás de cada gota d'água e em cada grão de areia se esconde sempre um lado oculto.[14]

---

[12] *Ibid.*
[13] *Cf.* BERKELEY. Principles, § 31. *In*: Works.
[14] *Cf.* BERKELEY. First draft of the Introduction to the Principles, § 1, p. 121. *In*: Works.

Para os modernos (Descartes, Locke e Newton) e, consequentemente, para o senso comum[15], as ideias são diferentes das coisas reais. Para eles, o espaço e os corpos em movimento existem fora do nosso espírito de forma independente. Porém, se os objetos percebidos (*ideias*) fossem aniquilados de uma só vez – diria Berkeley, contrapondo-se a eles – não haveria nenhum espaço ou movimento para ser percebido. Prova disso é que também em sonhos percebemos um espaço exterior, contendo nosso próprio corpo em movimento junto com outros objetos a nossa volta, coloridos, sólidos e sonoros; mas, no momento em que acordamos, compreendemos que se tratava apenas de um sonho e que, portanto, nem os objetos nem a estrutura espaço-temporal na qual se movimentavam existia de forma independente da nossa percepção.

Na linguagem comum do século XVII, a palavra "ideia" era usada como sinônimo de "imagem" (*picture*), mantendo com as coisas uma relação similar àquela que uma fotografia mantém com a pessoa fotografada. Para Descartes, por exemplo, as ideias eram imagens das coisas. O uso filosófico dessa palavra parece estar ligado a uma teoria da percepção visual na qual a alma vê imagens do mundo exterior projetadas na superfície do cérebro – a teoria representativa da percepção. Apesar das eventuais modificações – e até mesmo do abandono – dessa teoria, o termo "ideia" foi conservado e aplicado a todos os objetos da consciência: as sensações dos sentidos, os objetos da memória, da imaginação e do pensamento (considerados inicialmente como a formação de imagens mentais) e as emoções. Esse uso amplo do termo "ideia" foi adotado por Locke. Os filósofos desse período pensavam que, na percepção, nós temos consciência de uma ideia, uma imagem, uma sensação, causada pela inerência imperceptível da matéria.

---

[15] A crença do senso comum na existência absoluta – independente da percepção – de "objetos materiais" fez com que os filósofos promovessem uma duplicação do mundo em realidade e aparência, da qual decorre o ceticismo (*Cf.* KAWANO, Marta. *A linguagem dos homens e a linguagem de Deus: sobre a crítica à filosofia em G. Berkeley*. 2000. Dissertação (Mestrado em Filosofia) – Universidade de São Paulo, São Paulo, 2000. p. 77-80).

Eles afirmavam que a teoria causal era verdadeira e pensavam que a noção "vulgar" de que nós temos consciência imediata dos objetos físicos não era digna de um debate filosófico sério. Por quê? Antes de responder a essa questão, cabe examinar duas considerações, apontadas por Urmson, que dizem respeito à contraposição "mundo-percepção do mundo". A primeira é que:

> [...] uma avaliação cuidadosa do que nós percebemos, isto é, de como as coisas nos aparecem, seria diferente de uma avaliação cuidadosa de como o mundo é, exatamente como ele é popularmente concebido. Nesse sentido, o bastão na *água* é reto, mas o 'bastão' que nós percebemos é torto e não tem realidade física; os trilhos da ferrovia são paralelos, mas nós vemos duas linhas convergindo à distância; o vinho de mesa semi-seco terá gosto doce depois de ter bebido xerez muito seco; e seco depois de ter bebido um xerez cremoso.[16]

Nota-se, nesses exemplos, uma diferença considerável entre as descrições do mundo e as descrições daquilo que nós percebemos. Em vista disso, o que nós percebemos pode não ser o mundo. Todavia, para esclarecer esse ponto, podemos avançar em direção ao segundo argumento de Urmson, que é mais forte:

> Se a teoria científica da realidade física e dos processos complexos físicos e fisiológicos envolvidos na percepção fosse nivelada como aproximadamente verdadeira, seria impossível afirmar que nós percebemos um mundo imediatamente e diretamente; se, por exemplo, o som é uma vibração física na atmosfera, transmitido a nós por meio dos movimentos no ouvido, os nervos e o cérebro, então o que ouvimos não pode ser um som físico, pois o que ouvimos não é um movimento nem qualquer outra coisa mencionada na teoria física do som.[17]

---

[16] URMSON, James Opie. *Berkeley*. Oxford, New York: Oxford University Press, 1982. p. 10-11.
[17] *Ibid.*

Não vamos discutir agora se os argumentos são convincentes ou não, mas eles certamente persuadiram Descartes e Locke e, ainda que Berkeley pudesse prescindir do segundo argumento, sem dúvida aceitava a conclusão de que aquilo de que nós temos consciência são as "ideias".

Talvez por isso Kant tenha distinguido seu idealismo transcendental do idealismo "místico e fantasista de Berkeley"[18], acusando-o de ter "degradado os corpos a uma simples ilusão.[19] As palavras de Kant, segundo Luce[20], não têm nenhuma relação com as concepções de Berkeley[21] e estariam baseadas na ignorância dos fatos (*hearsay*). Parece que também devemos incluir Kant na lista daqueles que foram provocados pelas teses de Berkeley, pois a interpretação de Kant não deixa de ser uma reação típica.[22] Além disso, Kant agrupa o "idealismo cético"[23] de Descartes e o "idealismo dogmático" de Berkeley na categoria de idealismo empírico. Essa terminologia deve ser esclarecida, visto que Descartes e Locke são as maiores influências de Berkeley. Porém, as distinções entre racionalismo e empirismo, ou realismo e idealismo, nem sempre se aplicam adequadamente a Berkeley, dado que as fronteiras entre essas correntes de pensamento aparecem diluídas pela nuanças peculiares da filosofia de cada autor.

---

[18] KANT, Immanuel. *Prolegômenos*. São Paulo: Nova Cultural, 1984. (Os Pensadores), p. 34.

[19] Id. *Crítica da Razão Pura*. São Paulo: Nova Cultural, 1999. (Os Pensadores). p. 89.

[20] LUCE, 1945, p. 26.

[21] Para um aprofundamento das diferenças entre Berkeley e Kant sobre os conceitos de espaço e tempo, ver: WALKER, Ralph Charles Sutherland. Idealism: Kant and Berkeley. *In*: FOSTER, John; ROBINSON, Howard (ed.). *Essays on Berkeley*. Oxford: Clarendon Press, 1985. p. 109-129.

[22] *Cf.* WARNOCK, *op. cit.*, p. 2.

[23] A terminologia kantiana pode surpreender o leitor, visto que a oposição tradicional entre racionalistas e empiristas distingue o realismo cartesiano do idealismo de Berkeley. Não obstante, Kant designa as filosofias de ambos com a expressão "idealismo empírico", à qual se contrapõe o "idealismo transcendental" proposto por ele. Os adjetivos "cético" e "dogmático" também são aplicados indiscriminadamente por Kant, tendo em vista que a dúvida cartesiana não é uma dúvida cética, e sim um instrumento metodológico para descobrir a verdade – portanto, dogmático (afinal, a veracidade divina entra em jogo para resolver o problema, visto que Deus é a garantia metafísica da verdade). Por outro lado, a filosofia de Berkeley, apesar de combater o ceticismo, incorre em uma armadilha cética que consiste em filosofar *"en contournant les habitudes de pensée"*, isto é, contra a crença do senso comum na duplicação do mundo em realidade e aparência (*Cf.* LEBRUN, Gérard. Berkeley ou le sceptique malgré lui. *In*: *Manuscrito*, XI, 2, outubro de 1988. p. 46).

A denominação kantiana de idealismo místico-delirante[24] deve ser entendida apenas como uma forma de subestimar a filosofia de Berkeley, o que é comum entre os filósofos para mostrarem a superioridade do seu próprio sistema. Não cabe analisar toda a rede de argumentos formulada por Kant antes de coroá-los com esse adjetivo, nem pretendemos com isso ridicularizar Kant. Não obstante, o merecido reconhecimento de Berkeley chegaria mais tarde, quando Schopenhauer compreendeu a verdade contida na expressão "o mundo é pura representação":

> Aliás, esta verdade está longe de ser nova. Ela constitui já a essência das considerações céticas de onde procede a filosofia de Descartes. Mas foi Berkeley quem primeiro a formulou de uma maneira categórica; por isso prestou à filosofia um serviço imortal [...]. O grande erro de Kant foi de não reconhecer este princípio fundamental.[25]

Esse princípio fundamental, muito antes formulado por Berkeley como *esse est percipi* – "ser é ser percebido" –, é interpretado por Schopenhauer como "o mundo é pura representação". De certa forma, isso é possível; porém, mais adiante, apresentaremos um esboço do contexto filosófico e das influências recebidas por Berkeley, marcando uma distinção importante entre as filosofias deste e de Descartes justamente nesse ponto: a diferença entre apresentação (percepção) e representação de ideias.[26]

Contudo, a aproximação entre Berkeley e Schopenhauer não é fortuita. O filósofo alemão, fora o seu pessimismo, é conhecido por ser um dos primeiros pensadores a buscar inspiração na filosofia oriental. Muito antes que ele, o Bispo irlandês – embora nunca tenha abandonado suas convicções religiosas e, provavelmente,

---

[24] "Idéalisme délirant" (*schwärmend*) e "idéalisme mystique et extravagant". *Cf.* GUEROULT, Martial. *Berkeley*: quatre études sur la perception et sur Dieu. Montaigne: Aubier, 1956. p. 24.

[25] SCHOPENHAUER, Arthur. *O mundo como vontade e representação*. Rio de Janeiro: Contraponto, 2001. §1.

[26] A distinção entre apresentação de ideias e representação é discutida nos próximos capítulos desta dissertação.

não tivesse imaginado uma religião sem Deus – apresentou alguns elementos filosóficos que podem ser assimilados ao Budismo, principalmente, a noção de uma mente universal da qual dependem ontologicamente os seres, tanto sensíveis quanto insensíveis:

> Aunque el propio Berkeley mantuvo el término Dios (que, en cualquier caso, difícilmente podría ser evitado sin poner en peligro su carrera eclesiástica), es interesante señalar que raramente hace referencia a los aspectos religiosos de Dios. Y en su metafísica nunca menciona a Jesús, el Cristo de la religión que profesaba. Esto refuerza la imagen emergente de Berkeley como un místico deísta que toma la inspiración para su filosofía directamente de sus propias experiencias más que de la abstrusa teología de la iglesia cristiana paulina. Berkeley parece haber desconfiado instintivamente de la pontificación latina. En ese sentido, para el Shankara hindú estaba claro que Brahmán en sí mismo no poseía cualidades antropomórficas en absoluto.[27]

Não se trata aqui de desenvolver esse tema, pois isso seria motivo de outra pesquisa. Entretanto, podemos destacar uma conotação positiva do termo "místico" – desprezado por Kant quando se referiu a Berkeley – aproximando o espiritualismo metafísico de Berkeley com certos tipos de misticismo oriental. Essa via de interpretação, ainda que original, afasta-se muito das obras de Berkeley estudadas; o mesmo acontece quando associamos o imaterialismo berkeleyano à física contemporânea. Sem querer obter como resultado um trabalho panorâmico, decidimos evitar esse tipo de tentação e focalizar alguns temas centrais da filosofia de Berkeley, tais como distância e movimento enquanto pontos decisivos para a compreensão da inflexão de Berkeley no tratamento das questões ligadas à representação e ao conhecimento.

Ora, o que significam as teses berkeleyanas? Qual é a relevância da crítica das ideias gerais abstratas? E da crítica da mecânica

---

[27] LLOYD, Peter. *Consciousness and Berkeley´s metaphysics*. [S. l.]: Ursa, 1999.

newtoniana? Para responder a essas questões, apresentamos uma leitura das obras de Berkeley, cujo núcleo é a nossa interpretação da sua argumentação, inserida no âmbito das discussões iniciadas pelos seus principais comentadores.

Por isso, dedicamos os parágrafos iniciais deste livro a Borges: porque as teses de Berkeley – e a nossa leitura delas – são suscetíveis de uma crítica dura e implacável, enquanto o mundo fantástico de Borges não precisa defender-se, pois está amparado por si só na dimensão artística, sem nenhum esforço por parte do seu criador.

Berkeley deve dar conta do esquema lógico e da coerência de sua doutrina, ao passo que Borges não cria uma nova teoria do mundo, mas se diverte com as que já existem, tornando-as literatura fantástica. Portanto, não podemos confundir – como fez Kant, entre outros – a filosofia de Berkeley com a fantasia:

> A metafísica de Berkeley desabrocha no jardim do pensamento inglês como uma planta fantástica: bela e extravagante. No entanto, quando se procura em suas raízes, descobre-se nelas uma explicação sóbria e bem informada sobre esse fenômeno, tão familiar, que é a percepção sensível. Como tais raízes ordinárias produzem uma folhagem tão maravilhosa, essa é a história da filosofia de Berkeley.[28]

Quem apela para a fantasia é Borges, que encontra nela uma solução satisfatória face às perplexidades e limitações da especulação filosófica. Borges opta pela possibilidade libertadora de inventar o mundo.[29] Mas Berkeley não. Berkeley – e nós junto com ele – vamos empreender outra viagem: a viagem libertadora das armadilhas da linguagem e, sobretudo, do ceticismo.

---

[28] PITCHER, George. *Berkeley*. México: Fondo de Cultura Económica, 1983. p. 16.
[29] *Cf.* KAZMIERCZAK, Marcin. *La metafísica idealista em los relatos de Jorge Luis Borges*. 2000. Tese (Doutorado em Filosofia) – Universidade Autônoma de Barcelona, Bellaterra, Espanha, 2001.

CAPÍTULO I

CONTEXTO FILOSÓFICO E INFLUÊNCIAS

> *À margem de meu campo visual e a alguma distância, eu via uma grande sombra em movimento, viro o olhar para esse lado, o fantasma se encolhe e põe-se em seu lugar: era apenas uma mosca perto de meu olho.*
>
> *(Merleau-Ponty)*[30]

1.1 Cartesianismo, ceticismo e corpuscularismo

Conforme apresentado na introdução, a filosofia de Berkeley se encontra na confluência de duas correntes de pensamento: o cartesianismo e o empirismo. Não só os problemas levantados por Descartes nas *Meditações* (1640), mas também as respostas dos seus sucessores – principalmente Malebranche –, devem ser levados em conta por quem pretende compreender adequadamente o pensamento de Berkeley. Por outro lado, o *Essay on human understanding* (1690), de Locke, é considerado pela maior parte dos comentadores[31] uma matriz a partir da qual Berkeley formula suas próprias teses. Portanto, o ponto de partida deste estudo deve ser encontrado no contexto filosófico do século XVII, onde a filosofia de Berkeley é forjada. Sem querer abarcar todas as influências recebidas por Berkeley, privilegiamos os autores mais importantes: Descartes, Malebranche e Locke.

Antes de apresentar os argumentos defendidos por cada um desses pensadores e examinar se suas teorias afetaram posi-

---

[30] MERLEAU-PONTY, Maurice. *Fenomenologia da percepção*. São Paulo: Martins Fontes, 1994. p. 399.
[31] Principalmente Tipton.

tiva ou negativamente as concepções de Berkeley, propomos a leitura de uma passagem que ilustra apropriadamente o 'mundo da experiência' ao qual me referia antes. Conforme Mackie, a imagem que temos quando abrimos os olhos poderia ser descrita da seguinte maneira:

> Existem coisas materiais que têm extensão no espaço tridimensional e duração no tempo. Nessa sala, por exemplo, há várias cadeiras: cada uma delas tem uma forma específica, um tamanho e uma posição, e a cada instante podemos definir se está em estado de repouso ou de movimento.[32]

Uma descrição trivial como essa pode suscitar diversas explicações sobre o que sejam essencialmente o espaço, o tempo e o movimento. O debate filosófico do século XVII é um claro exemplo disso. Como é que Descartes e Locke formularam esse problema? Será que eles partilhavam a mesma posição? A explicação de Berkeley sobre esses problemas, entretanto, é muito peculiar, uma vez que, à primeira vista, parece contestar a descrição do mundo sensível admitida pelo senso comum e por esses filósofos.

O primeiro aspecto, que caracteriza o pano de fundo no que concerne a Berkeley, é a tendência cética delineada pelo cartesianismo a partir do dualismo das substâncias. Na verdade, Descartes distingue três tipos de substância: a pensante, a extensa e a infinita; que correspondem, respectivamente, ao espírito, à matéria e a Deus. A separação radical entre pensamento e matéria permite a Descartes descrever o mundo físico em termos de princípios mecânicos. Por conseguinte, a matéria é caracterizada como pura extensão, com propriedades inerentes de número, movimento ou repouso e figura. Por contraste, as propriedades das coisas materiais, que mais tarde foram chamadas de *qualidades secundárias* – cor, cheiro, gosto e som –, existem em relação àqueles que as percebem, e não *nas* próprias coisas.

---

[32] MACKIE, John Leslie. *Problems from Locke*. Oxford: Clarendon Press, 1976. p. 9.

A experiência sensível, para Descartes, provém de uma fonte exterior independente, dado que nós não somos livres para escolher nossas próprias sensações. Nesse caso, um Deus inteiramente bom que, portanto, não pode ser enganador, garante a verdade daquilo que nós podemos perceber com clareza e distinção. Disso decorre, por meio de uma longa cadeia dedutiva, a prova cartesiana da existência dos corpos materiais, de modo que as ideias das coisas exteriores e espaciais que nos afetam são traduções qualitativas daquilo que fora de nós são apenas propriedades geométricas, isto é, corpúsculos em movimento. A partir dessa prova, podemos compreender que é o movimento desses corpúsculos aquilo que causa as experiências de cor e das outras qualidades secundárias em nossa mente.

Contudo, a relação entre corpo (matéria) e mente (pensamento) tornou-se um problema que Descartes não conseguiu resolver, face à impossibilidade de demonstrar a correspondência entre as ideias e as coisas.[33] Na verdade, o problema da relação entre mente e corpo não é exatamente esse, pois Descartes acredita ter demonstrado a correspondência entre as ideias e coisas ou, pelo menos, acredita ter encontrado uma boa solução para o problema da correspondência, isto é, a veracidade divina – Deus garante que nossas ideias claras e distintas sejam verdadeiras. O problema da relação entre corpo e mente, para Descartes, é mais uma questão de saber como pode haver causação entre uma substância extensa e uma substância pensante. Em outras palavras, como é que pode haver ação causal entre substâncias que são radicalmente heterogêneas? É isso que vai levar Malebranche a propor o *ocasionalismo*; Leibniz, a "harmonia preestabelecida" e assim por diante.

Malebranche oferece duas alternativas para resolver essa dificuldade, razão pela qual teve uma influência decisiva sobre

---

[33] A oposição entre realidade objetiva e realidade formal das ideias é uma tentativa de explicar essa passagem – do pensamento (ideias) para os corpos materiais – e também permite compreender a formulação do argumento ontológico (prova da existência de Deus). Discutimos esse problema em um trabalho de iniciação científica intitulado *Por que Deus existe? Um diálogo metafísico entre Berkeley e Descartes*.

Berkeley: uma saída – negativa – é abandonar definitivamente a pretensão de provar a existência do mundo material; a outra é reconhecer que o conhecimento verdadeiro só pode ser obtido pelo entendimento imediato das ideias na mente de Deus. Os argumentos céticos da relatividade da percepção, dos sonhos e das alucinações levaram Malebranche a concluir que a existência do mundo material deve estar baseada apenas na revelação – *Deus criou o céu e a terra*[34] – ou na doutrina da transubstanciação.[35]

Malebranche supõe que há uma igualdade de probabilidades quanto à existência ou não de um mundo exterior, mas nós temos uma "propensão natural" a pensar que existe. Além disso, a mente humana é limitada: não pode ter ideias claras e distintas por si só, uma vez que esse poder só pode ser encontrado na divindade. Malebranche considera que os objetos do conhecimento são as essências eternas e imutáveis das coisas, e não modificações da mente, como afirmara Descartes. As mentes finitas podem pensar que suas ideias correspondem às coisas, mas não podem ter certeza de que essa correspondência se sustenta. Portanto, quando a mente tem ideias claras e distintas, deve ser porque está em contato direto com o único poder capaz de apreender a correspondência entre ideias e coisas, isto é, a mente de Deus. Esse é o sentido da frase "vemos todas as coisas em Deus".[36] Talvez por isso Luce tenha afirmado que Berkeley se inspirou na concepção lockeana de "ideia", mas, estudando Malebranche, "aprendeu a idealizar a coisa e a espiritualizar a ideia".[37]

Em suma, Malebranche percebeu que a única maneira de evitar as tendências céticas da filosofia cartesiana era negar a distinção entre ideias e coisas, considerando a substância material como

---

[34] *Cf. Gênesis*, I.
[35] *Cf.* LUCE, Arthur Aston. *Berkeley and Malebranche*. Oxford: Oxford University Press, 1934. p. 61.
[36] MALEBRANCHE, Nicolas. *The Search after Truth*. (Tradução de Lennon e Olscamp). Cambridge: Cambridge University Press, 1997. p. 230. Para um aprofundamento dessa tese, ver: PESSIN, Andrew. Malebranche's "Vision in God". *Philosophy Compass*, Nova Jersey, Estados Unidos, v. 1 n. 1, p. 36-47, 2006.
[37] LUCE, 1934, p. 70.

algo inerte e indemonstrável, mas cuja existência nos é revelada através da vontade de Deus. Ambos os pontos são crucialmente significativos para a compreensão de Berkeley.

Todavia, a melhor caracterização do ceticismo é introduzida por Pierre Bayle, nos verbetes sobre Zenão e Pirro de seu *Dictionnaire historique et critique* (1694), que é provavelmente a principal fonte do problema do ceticismo que Berkeley procurava resolver. Bayle mostra que as qualidades primárias são tão subjetivas quanto as secundárias. Se uma mesma coisa pode ser doce para uma pessoa e amarga para outra e se aceitarmos que as qualidades secundárias dependem da mente, porque são relativas ao estado ou situação dos sujeitos percipientes, então, do mesmo modo, a extensão deverá ser relativa.

> [...] o mesmo corpo pode parecer pequeno ou grande, redondo ou quadrado, conforme o lugar de onde o vejamos; e certamente, um corpo que nos parece muito pequeno, pode parecer enorme para uma mosca.[38]

A conclusão é que, se não podemos definir qual qualidade, doçura ou amargura, grandeza ou pequenez pertencem "absolutamente" a um objeto, não podemos afirmar que o objeto tenha "gosto em geral" ou "extensão em geral". Bayle continua argumentando que a crença na existência de corpos exteriores não é necessária para explicar a natureza da experiência ou do mundo, pois "existindo ou não a matéria, Deus poderia comunicar-nos igualmente os pensamentos que temos".[39]

A argumentação de Bayle é muito importante para nosso estudo por dois motivos: primeiro, porque denota claramente uma fonte de inspiração adotada por Berkeley em muitas ocasiões, por exemplo, quando acusa de extravagante a hipótese de que uma inumerável multidão de seres fosse criada sem qualquer fim, "visto

---

[38] BAYLE. *Dictionaire historique et critique*, Zenão G, p. 381. Amsterdam: Brunel, 1730.
[39] *Ibid.*

que Deus poderia ter feito tudo sem eles".[40] O outro motivo é que essa tese de Bayle antecipa, de alguma maneira, o objetivo proposto para os próximos capítulos, posto que neles pretendemos caracterizar o mundo da experiência a partir da filosofia de Berkeley.

Portanto, o primeiro problema que deve ser destacado no contexto que tange a Berkeley é que, uma vez aberta a brecha entre a experiência sensível por um lado e a realidade material por outro, o ceticismo surge imediatamente.[41] Em virtude da inevitável subjetividade da experiência sensível, não podemos conhecer a realidade exterior, em relação não só às qualidades secundárias, mas também às qualidades primárias daquilo que é percebido:

> Berkeley parece entender que o ceticismo é uma conseqüência da 'nova filosofia', inaugurada por Descartes e Locke. Nesse sentido, deve-se notar a influência decisiva de Malebranche e Bayle, que teriam mostrado como a 'nova filosofia' conduz ao ceticismo, em particular ao traçar a distinção entre qualidades primárias e secundárias e ao introduzir o assim chamado 'véu das percepções'. Assim, o ceticismo seria uma espécie de 'espírito da época', o resultado natural da filosofia do século XVII.[42]

Outro aspecto que caracteriza o contexto no qual se insere o pensamento de Berkeley é o desenvolvimento das ciências naturais, em especial, o tratamento dado por Locke aos seus principais pressupostos filosóficos. O desenvolvimento da mecânica, desde Galileu a Newton, junto com a versão moderna do atomismo clássico, constituíram os fundamentos da "teoria corpuscular".

---

[40] BERKELEY. Principles, § 53. *In: Works*.
[41] Com isso, não queremos dizer que Descartes seja o cético. Descartes, na verdade, baseia-se nos argumentos que os próprios céticos usam – por exemplo, o argumento do sonho. Mas ele usa esse argumento como um instrumento metodológico; portanto, a "brecha" é aberta pelo próprio ceticismo.
[42] SMITH, Plínio Junqueira. As respostas de Berkeley ao ceticismo. *Doispontos*, Curitiba, v. 1, n. 2, p. 35-55, 2004.

Grosso modo, essa teoria afirma que o mundo consiste de átomos[43] em movimento no vazio infinito; na versão antiga, os átomos também se movimentavam no tempo infinito, mas os filósofos do século XVII aceitaram, baseando-se na Bíblia, que os átomos foram criados e postos em movimento por Deus. Assim, Newton pensava que: "[...] no início, Deus deve ter formado a matéria como partículas móveis, sólidas, maciças, duras, impenetráveis, de determinados tamanhos e figuras".[44]

Os átomos atuam entre si por impacto[45] e as relações entre eles podem ser explicadas pelos princípios da mecânica. Essa concepção pressupõe uma descrição dos objetos a partir de dois tipos diferentes de propriedades: por um lado, as "qualidades primárias", que são aquelas que podemos medir, como o tamanho, a posição e o movimento; e, por outro, as "qualidades secundárias", consideradas efeitos produzidos na mente do sujeito que percebe (ideias de cor, cheiro, som etc.) pela interação entre as propriedades primárias e os órgãos dos sentidos. Demócrito já tinha separado as ideias das qualidades secundárias da "realidade" como ela é em si mesma: "Quente e frio são aparências, doce e amargo são aparências, cor é aparência; na verdade, existem os átomos e o vazio".[46] Essa distinção foi retomada por Galileu para reforçar sua tese de que o movimento é a causa do calor. Em *The Assayer*, Galileu afirma que o calor é um acidente ou qualidade secundária que não reside na matéria, porque pode ser separado das qualidades

---

[43] A rigor, existe uma diferença entre "átomo" e "corpúsculo" que convém ressaltar aqui: o átomo é indivisível, ao passo que o corpúsculo é individido, uma vez que, teoricamente, poderia ser dividido. Não obstante, nessa parte do texto, parece que usamos indiferenciadamente ambos termos, porém estamos referindo-nos, respectivamente, ao atomismo de Demócrito e ao corpuscularismo de Boyle, duas teorias que pretendemos assimilar ao contexto filosófico da época de Berkeley. A ideia de átomo é usada mais quando se pretende denotar a existência de componentes indivisíveis, enquanto que, para Descartes, por exemplo, os corpúsculos poderiam ser divididos teoricamente; de fato é que não são, por isso é que eles são os elementos fisicamente últimos, embora metafisicamente não o sejam.

[44] NEWTON, Isaac. *Opticks*. New York: Dover Publications, 1952. Query 30.

[45] *Cf.* LOCKE, John; FRASER, Alexander Campbell (ed.). *An essay concerning human understanding*. Oxford: Clarendon Press, 1894. II, viii, § 11: "impulse, the only way which we can conceive bodies to operate in".

[46] *Cf.* SEXTO EMPÍRICO. *Adv. Mathem.* VII.

primárias e reais, estas sim inseparáveis da matéria (tamanho, posição, movimento, número etc.). As qualidades secundárias, para Galileu, são formadas com a ajuda dos sentidos e constituem o aspecto aparente da matéria. A cada uma das diferentes qualidade secundárias, nós atribuímos um nome característico, porém não são reais nem verdadeiras. Nesse sentido,

> [...] cheiros, sabores, cores e assim por diante são apenas meros nomes que de forma alguma dizem respeito ao objeto em que se encontram, e residem somente na consciência. Portanto, se fosse removida a criatura vivente, todas essas qualidades seriam enxugadas (*wiped away*) e aniquiladas.[47]

Galileu pensava que os corpos causam essas sensações em nós por movimento e impacto, assim como uma mão pode produzir em nós a sensação de coceira por movimento e impacto; seria tão absurdo situar a cor no corpo quanto situar a coceira na mão que a causa. Newton também defendia essa ideia, conforme mostra a explicação mecanicista que ele propõe para os fenômenos da cor e do som, baseado nos princípios da filosofia corpuscular:

> Se em algum momento falo que a luz e os raios são coloridos ou dotados de cores, isso não deve ser entendido filosoficamente [...]. Porque os raios, propriamente falando, não são coloridos. Neles não há nada mais que certo poder e disposição para causar (*stir up*) uma sensação dessa ou daquela cor. Assim como o som de um sino ou da corda de um instrumento musical ou qualquer outro corpo sonoro, não é mais que um movimento vibratório (*trembling*), e no ar é somente esse movimento propagando-se desde o objeto, e na consciência (*sensorium*) uma sensação desse movimento sob a forma de som, assim também as cores no objeto são apenas uma disposição para refletir essa ou aquela classe de raios melhor que as demais; nos raios elas [as cores] não são mais do que suas dis-

---

[47] GALILEI, Galileu. *O Ensaiador*. São Paulo: Nova Cultural, 1996. (Os Pensadores). p. 219.

posições para propagar esse ou aquele movimento para o *sensorium*, e no *sensorium são sensações desses movimentos em forma de cores*.

Muitos filósofos e cientistas concordavam com essa teoria durante o século XVII. No entanto, a formulação mais clara do corpuscularismo pode ser encontrada na obra de Robert Boyle, *The origin of forms and qualities* (1666). Alguns comentadores reconhecem que Boyle teve uma influência considerável em Locke[48] e também uma influência direta e não sempre negativa sobre Berkeley. Assim, uma breve caracterização dos elementos principais da teoria corpuscular pode contribuir com o desenvolvimento deste trabalho, no sentido de esclarecer melhor a crítica de Berkeley à concepção lockeana de uma substância material.

O "esquema" da filosofia corpuscular, conforme as palavras de Boyle, parte da aceitação do ponto de vista epicurista, segundo a qual o mundo se constitui de inúmeros corpúsculos singulares e insensíveis cada qual provido com seus próprios tamanhos, formas e movimentos. Se o universo fosse aniquilado, excetuando-se completamente todos esses corpúsculos indivisíveis e, portanto, não houvesse mais consciência das coisas materiais, restaria no mundo somente matéria, movimento (ou repouso), volume e forma. Deus criou o mundo e comunicou o movimento aos componentes materiais, de maneira que, para explicar fenômenos particulares, precisamos considerar apenas o tamanho, a forma, o movimento (ou a intenção de), a textura e as qualidades resultantes das pequenas partículas de matéria. As qualidades secundárias, entretanto, são dependentes das mais simples e primitivas afecções da matéria, ao passo que a sensação é o efeito dos corpúsculos impressionando (*strike on*) os órgãos dos sentidos e excitando movimentos que são comunicados ao cérebro, onde dão lugar à percepção.[49]

---

[48] URMSON, 1982. Ver também o artigo ALEXANDER, Peter. Boyle and Locke on primary and secondary qualities. *In*: TIPTON, Ian Charles. *Locke on human understanding*. London: Oxford University Press, 1977. p. 62-76.

[49] BOYLE, Robert. The origin of forms and qualities. *In*: STEWART, Michael Alexander. (ed.). *Selected philosophical papers of Robert Boyle*. Manchester: Hackett Publishing Company, Inc., 1979. p. 18-53.

Essa teoria, que articula as concepções fundamentais da ciência moderna, era amplamente aceita por Locke, que propôs a si mesmo a modesta tarefa filosófica de limpar o terreno para futuros desenvolvimentos da ciência.[50] A necessidade de conciliar a metafísica cartesiana com a nova filosofia natural – sobretudo, a adaptação à física newtoniana – fez com que Locke adotasse uma concepção ambígua de substância.

Descartes construiu uma metafísica – filosofia primeira – com o intuito de fundamentar a física – filosofia natural. Nesse sentido, a física cartesiana pode ser considerada o primeiro estágio do mecanicismo, que depois Newton levará até as últimas consequências. Mas o que faz Descartes para dar essa nova direção à filosofia e, principalmente, à ciência? Descartes consegue separar as qualidades antropomórficas da matéria, isto é, as qualidades substanciais, expulsando os princípios inteligíveis das espécies e gêneros. Desse modo, o mundo deixa de ser um organismo e passa a ser entendido como uma máquina – *o universo relógio* – constituída de corpúsculos em movimento. Deus põe o mundo em movimento como um primeiro motor, ou seja, os corpúsculos são impulsionados por Deus, mas obedecem ao princípio de inércia. Portanto, não pode haver lugares naturais para os corpos, nem inteligências que os organizem.

1.2 O dualismo das substâncias

Para compreender melhor esse ponto, devemos remontar-nos à formulação aristotélica do conceito de *substância*, baseada nas palavras *hypokeimenon* (substrato) e *ousia* (essência). Para Aristóteles, a substância é aquilo que existe em si e por si e que, portanto, não pode existir em outra coisa. Em contraponto à substância, existe o *acidente* (qualidade, quantidade, lugar, tempo, relação, ação e paixão), que nós atribuímos à substância, por exemplo, "cavalo branco". O problema é que a teoria aristotélica da *forma*

---

[50] *Cf.* LOCKE, 1894, p. 14. "The epistle to reader".

substancial admite tantas substâncias no mundo quantos indivíduos existam das mais variadas espécies de seres. Nas *Categorias*, não só cada gênero e espécie de coisas constitui uma substância, mas também cada indivíduo é uma substância. Já na *Metafísica*, Aristóteles indica que a *forma* é uma substância e os indivíduos também, mas o gênero não.[51]

Durante o período da escolástica, houve uma inversão dos termos aristotélicos, que permitiu a Descartes construir, posteriormente, uma filosofia do sujeito baseada no conceito de representação e em uma reformulação do conceito de substância. A Escolástica define o *subjectum* como o suporte, sustentáculo ou substância (entendida como um fundo subsistente, em si e por si mesmo, que recebe as qualidades), ao passo que o *objectum* é aquilo que está posto para o pensamento, isto é, o conceito, a ideia. Descartes vai aplicar esses termos às "ideias", que passam a ser *modos* da *substância pensante*. Mesmo que a ideia exista no pensamento, ela tem "realidade objetiva" (*objectum*) e também "realidade formal" (*subjectum*), que é a coisa em si. Por conseguinte, poderíamos dizer que Descartes reduz as infinitas espécies de substâncias aristotélicas a apenas três espécies ou tipos de substância: a substância extensa, que diz respeito aos corpos físicos; a substância pensante, que compreende os espíritos; e a substância infinita, que é Deus.[52]

Dessa maneira, Descartes concebe a *metafísica* como o estudo da alma e de Deus e a física como o estudo dos corpos e do movimento, que se estende a todas as ciências modernas na forma da

---

[51] Para um aprofundamento dos diferentes tratamentos dados ao conceito de substância por Aristóteles, ver as seguintes obras: ARISTÓTELES. Metaphysics / On the soul. *In*: ROSS, William David. (ed.). *The works of Aristotle*. Chicago: Encyclopædia Britannica, 1952; e ARISTÓTELES. *Categories and De interpretation*. Tradução de J. L. Ackrill. Oxford: Clarendon Press, 1963.

[52] Essa classificação, no entanto, supõe uma ambiguidade, sobretudo no que diz respeito à definição de "substância extensa" e de "substância pensante". Se levarmos em consideração os textos de Descartes, poderemos notar que algumas passagens podem ser interpretadas de duas formas distintas: (1) que existem várias substâncias extensas; (2) que existe apenas uma só, quer dizer, que os corpos individuais podem ser considerados como substâncias ou não. Por outro lado, existem muitas substâncias pensantes, visto que cada um de nós, enquanto ser humano, é uma substância pensante. Portanto, não devemos pensar que se trata apenas de três substâncias, mas de três *espécies* de substâncias.

mecânica: astronomia (mecânica dos astros), óptica (mecânica da visão), fisiologia (mecânica dos corpos vivos) etc. Descartes acreditava que era possível conhecer diretamente a substância pensante, pois a natureza intrínseca do espírito era pensar, sentir e desejar. Locke, não obstante, discordou, visto que nós podemos ser conscientes de que sentimos e pensamos, mas a essência daquilo que pensa e sente – a substância pensante em si mesma – é desconhecida para nós; para ele, nós não podemos determinar com certeza se a mente é uma substância imaterial ou se Deus tem "dado a alguns sistemas de matéria convenientemente dispostos, o poder de perceber e pensar".[53] Na verdade, Locke reconhecia que a natureza daquilo que pensa devia ser material (como Hobbes tinha afirmado), o que sugere que o ponto de vista corpuscular não é necessariamente dualista. Essa posição é diametralmente oposta à solução de Berkeley para o problema do dualismo cartesiano. Enquanto Locke, seguindo Hobbes, admite que a mente não é uma substância imaterial (pensante), pois poderia tratar-se de um poder que Deus concedeu à substância material (extensa), Berkeley defende o exato oposto, a saber, que só existe uma substância – a substância espiritual ou pensante –, e descarta a matéria. A perspectiva materialista (Locke/Hobbes) – ao menos como foi esboçada até aqui – não resolve o problema do dualismo das substâncias. Supondo que exista apenas a substância material, e que dela se desprenda o poder de pensar, ainda existe outra substância imaterial que impede a superação do dualismo. No limite, a substância infinita (Deus) também é de natureza espiritual e, segundo Locke, é daí que viria o poder concedido à matéria para desenvolver o pensamento e a percepção. Em contrapartida, Berkeley admite a existência do espírito e suas ideias, isto é, a mente humana, que percebe, e a mente divina (Deus), que imprime as ideias em nosso espírito, diretamente em forma de percepções. Desse modo, a substância material torna-se desnecessária e o imaterialismo de Berkeley desponta como uma possibilidade de superar as teorias dualistas.

---

[53] LOCKE, 1894, IV, 3, § 6.

1.3 Qualidades primárias e secundárias

Retomemos agora o percurso iniciado com Aristóteles e Descartes em relação à definição de substância. À diferença deles, Locke admite que, da substância, "nós não temos ideia do que seja"[54], a não ser aquilo que suporta os acidentes, isto é, as propriedades das coisas e que, supostamente, constitui sua realidade interior[55]. Seja lá como for, Locke alega que a natureza última da substância é inacessível para a investigação humana. A interpretação de Ayers[56] indica que, para Locke, a substância e a essência real são a mesma coisa. Nesse ponto, a clássica distinção entre qualidades primárias e secundárias pode contribuir no sentido de elucidar tanto a crítica quanto a alternativa de Locke à noção de substância e, consequentemente, de matéria.

Locke distingue as *qualidades primárias* (solidez, extensão, figura, movimento ou repouso e número) com o intuito de denotar impenetrabilidade ou ocupação exclusiva de um certo lugar. Essas qualidades eram inseparáveis dos corpos, ao passo que as *qualidades secundárias* foram definidas por ele como "nada nos próprios objetos, mas poderes para produzir várias sensações em nós por suas qualidades primárias".[57] Essa distinção, assim como a descrição do nosso contato com os corpos e a maneira como conhecemos ambas qualidades, foi herdada de Boyle, de sorte que Locke admite:

> [...] percebemos essas qualidades originais em tais [objetos exteriores], impressionando separadamente nossos sentidos, [pois] algum movimento deve ser transmitido pelos nossos nervos

---

[54] LOCKE, 1894, II, xiii, 19-II, xxiii, 2.

[55] O argumento de Locke, baseado na história de um filósofo indiano para quem o mundo é sustentado por um elefante, e este por uma tartaruga, demonstra uma certa ironia ao tratar da questão. Isso pode ter encorajado Berkeley a desconsiderar e abandonar completamente a noção de "substância material".

[56] AYERS, Michael Richards. The ideas of power and substance in Locke's philosophy. *In*: TIPTON, Ian Charles (ed.). *Locke on human understanding*. London: Oxford University Press, 1977. p. 77-104.

[57] LOCKE, 1894, II, viii, 9-10.

> [...] até o cérebro ou sede da sensação, para produzir em nossa mente as ideias particulares que temos deles.[58]

O uso do termo "ideia" em Locke é notoriamente amplo[59]; ele o aplicou não apenas aos efeitos da entrada de dados sensíveis na consciência, mas a "tudo aquilo que a mente percebe em si mesma, [como] objeto imediato da percepção, pensamento ou entendimento".[60] Em relação à percepção sensível, Locke pensava que as ideias, causadas em nós por objetos exteriores, de certa forma, *representam* esses objetos para nós.[61] Nossas ideias correspondem (*agree*) e assemelham-se (*resemble*) aos objetos em suas qualidades primárias, que causam em nós a percepção das qualidades secundárias.[62] Nesse sentido, existe uma diferença de valor objetivo entre as percepções que representam as qualidades primárias e aquelas que representam as qualidades secundárias, na medida em que as primeiras representam efetivamente os objetos e as segundas não, quer dizer, que certas percepções nos conduzem à realidade exterior, enquanto outras não:

> As ideias das qualidades primárias dos corpos são imagens (*resemblances*) deles e seus padrões (*patterns*) existem de fato nos próprios corpos, mas as ideias produzidas em nós por essas qualidades secundárias não têm nenhuma semelhança com eles. Não há nada como nossas ideias existindo nos próprios corpos.[63]

---

[58] *Ibid.*, II, viii, 12.

[59] Descartes, muito antes que Locke, tinha definido o conceito de "ideia" em linhas similares, excluindo apenas "as simples imagens que são pintadas na fantasia". *Cf.* DESCARTES, René. *Objeções e Respostas*. São Paulo: Nova Cultural, 1988. (Os Pensadores). p. 101.

[60] LOCKE, 1894, II, viii, 8. No *Capítulo II* deste livro, retomaremos a concepção lockeana de "ideia", visando caracterizar o lugar que ocupa esse termo na teoria da percepção de Berkeley.

[61] Apesar das controvérsias – que não vamos discutir aqui –, adotamos a interpretação mais aceita, isto é, de que Locke sustentava uma teoria representativa da percepção. Com base no *Essay*, IV, iv, 3 e IV, xi, 2, Grayling confirma esse ponto.

[62] *Cf.* LOCKE, 1894, IV, iv, 3.

[63] *Ibid.*, II, viii, 15.

Em nenhum caso, nós temos acesso direto aos objetos, dado que nossas ideias são efeitos do término de cadeias causais. Isso demonstra que percepção, para Locke, é sempre uma mediação ou *representação*. Entretanto, a distinção entre qualidades primárias e secundárias estabelece um limite entre a parte objetiva da percepção e a parte subjetiva. Ainda que nossas ideias, enquanto percepções, não estejam nos próprios objetos, existe uma parte delas (as qualidades primárias de solidez, extensão, figura, movimento e número) cuja causa está no objeto exterior, isto é, na substância material – portanto, trata-se de um componente objetivo da percepção. Por outro lado, as qualidades secundárias (cores, sons, cheiros e sabores) são o componente subjetivo da percepção, já que existem apenas na mente e não são causadas diretamente pelos objetos, mas por certos poderes que eles possuem.

A crítica de Berkeley à distinção entre qualidades primárias e secundárias apoia-se em dois argumentos: o primeiro – *a passividade das ideias* – consiste em mostrar que não podemos estabelecer relações de causalidade entre ideias porque nenhuma delas têm o poder de alterar outra. As ideias são todas inertes; portanto, não podemos atribuir-lhes atividade nem encontrar nelas qualquer tipo de força. O segundo argumento – *a semelhança entre ideias* – pretende refutar a teoria da representação, isto é, a suposição de que nossas ideias seriam cópias de coisas exteriores semelhantes a elas, que existiriam em uma substância material imperceptível – portanto, independentemente do espírito. Berkeley recusa essa teoria porque, para ele, uma ideia só pode ser semelhante a outra ideia, ou seja, uma cor pode assemelhar-se a outra cor, uma forma a outra forma etc. Mas como pode uma ideia ser semelhante a outra coisa diferente dela? Berkeley responde que, se é possível perceber os supostos originais, deve ser porque eles também são ideias. Porém, se não podemos percebê-los, diz Berkeley, não teria sentido afirmar que uma cor é semelhante a uma coisa invisível; ou que o áspero se assemelha a uma coisa intangível?[64] Logo, as

---

[64] *Cf.* BERKELEY. Principles, § 8; 25. *In: Works*.

qualidades primárias (extensão, figura, movimento etc.) não podem ser a causa das qualidades secundárias (nossas sensações), nem podem existir como corpúsculos imperceptíveis, pois isso em nada se assemelha às nossas ideias:

> Eu vejo evidentemente que não está em meu poder formar uma ideia de um corpo extenso e em movimento, sem dar-lhe alguma cor ou outra qualidade sensível das que se reconhece existirem apenas na mente. Em resumo, extensão, *figura*, e movimento, abstra*ídos de todas as outras* qualidades, são inconcebíveis. Onde existam portanto as outras qualidades sensíveis, essas devem existir também, a saber, na mente e em nenhuma outra parte.[65]

Pode-se dizer que a argumentação de Berkeley a respeito desse ponto caracteriza um *subjetivismo radical,* visto que os três argumentos que apoiam sua crítica destacam a relação de dependência de todas as qualidades em relação ao espírito, uma vez que todas as qualidades são ideias e estas existem enquanto percebidas pela mente. A seguir, resumimos os argumentos de Berkeley:

(1) inseparabilidade entres qualidades primárias e secundárias. Por exemplo, uma figura aparece sempre junto com alguma cor;

(2) relatividade das qualidades primárias. O tamanho dos objetos e a velocidade dos seus movimentos mudam conforme a posição do sujeito;

(3) as qualidades primárias não podem ser encontradas no mundo da experiência. Por exemplo, quando vemos objetos à distância, pensamos que realmente estamos percebendo pela vista a forma e o espaço exterior, mas Berkeley vai mostrar que não é assim que acontece. Esse problema será analisado no segundo capítulo deste trabalho.

---

[65] *Ibid.,* § 10.

1.4 A ideia geral abstrata

Tendo em vista que, como resultado da distinção entre qualidades primárias e secundárias, Locke aceita a teoria da substância e a teoria representativa da percepção, podemos introduzir outro ponto relevante para a compreensão da filosofia de Berkeley, a saber, a concepção lockeana das ideias abstratas, fruto da sua teoria da significação e da abstração. Para Locke, as palavras representam (*stand for*) ideias e a função da linguagem é comunicar as ideias de uma pessoa para a outra: "a finalidade do discurso é que esses sons, como sinais (*marks*) [das ideias na mente de quem os usa], possam dar a conhecer suas ideias ao ouvinte".[66]

A princípio, todas as palavras têm uma significação particular, na medida em que representam coisas individuais, mas logo precisamos dar um uso geral para as palavras, isto é, representar ideias de coleções ou classes de particulares, visto que a maior parte de nosso conhecimento se baseia em discussões sobre tipos ou espécies de coisas e as propriedades comuns dos seus membros. Sendo assim, muitas palavras tornam-se "nomes gerais" e, portanto, significam "ideias gerais".[67] Segundo Locke, essas ideias gerais são formadas "separando das coisas particulares as circunstâncias de tempo e espaço, e muitas outras ideias que lhes podem determinar esta ou aquela existência particular".[68] Assim, por exemplo, nós podemos ter uma ideia geral ou abstrata de homem ou triângulo, que não é a ideia de nenhum homem ou triângulo particular com propriedades determinadas, mas de alguma coisa que possui apenas aquelas características que a identificam com a ideia dessa espécie ou coisa em geral. Locke pensava que a formação de ideias abstratas não era só uma questão importante, mas uma dificuldade:

> Refletindo cuidadosamente, notamos que as ideias gerais são ficções e artifícios da mente, que envolvem dificuldades e não se revelam tão facilmente

---

[66] LOCKE, 1894, III, ii, 2.
[67] *Ibid.*, III, iii, 7.
[68] *Ibid.*, III, iii, 6 e 12.

> como imaginamos. Por exemplo, não se requer muito esforço e habilidade para formar a ideia geral de triangulo (que não é uma das mais abstratas, abrangentes e difíceis), pois ele não deverá ser nem obtusângulo (oblique), nem retângulo, nem equilátero, nem isósceles, nem escaleno, mas todos e nenhum deles simultaneamente. Com efeito, trata-se de uma coisa imperfeita que não pode existir; uma ideia que reúne partes de várias ideias diferentes e incompatíveis.[69]

A argumentação de Berkeley contra a existência da substância material deve uma parte à crítica da ideia geral abstrata[70], pois os que defendem a existência da matéria – principalmente Locke – baseiam-se na assimilação da substância material à ideia do ser em geral:

> Se interrogarmos sobre isto os melhores filósofos, veremos que estão de acordo em atribuir à substância material apenas o sentido do ser em geral, juntamente com a noção relativa de suporte de acidentes. A ideia geral do Ser parece-me a mais abstrata e incompreensível de todas.[71]

Nos próximos capítulos, examinaremos essa argumentação tomando como exemplo os problemas da distância e do movimento. No primeiro caso (*Capítulo II*), o tratamento dado por Berkeley à percepção visual da distância estabelece uma diferença entre percepção imediata e percepção indireta ou sugerida e, além disso, esclarece a tese da heterogeneidade entre os sentidos da visão e do tato. No segundo caso (*Capítulo III*), trata-se de conhecer a verdadeira causa do movimento – uma das qualidades primárias comum a todas as listas anteriormente referidas – sem recorrer a abstrações ilegítimas e hipóteses matemáticas. Pensamos que, desse modo, podemos caracterizar os conceitos de espaço, tempo e movimento – o mundo da experiência – desde a perspectiva berkeleyana fundamentada na percepção sensível.

---

[69] *Ibid.*, IV, vii, 9.
[70] Na *Introdução* dos *Principles*, Berkeley dirige profundas objeções a esta teoria.
[71] BERKELEY, Principles, § 17. *In*: *Works*.

CAPÍTULO II

A TEORIA DA PERCEPÇÃO

Nihil est in intellectu quod non prius fuit in sensu
(Berkeley)[72]

2.1 Identificação entre ideia e objeto sensível

Inicialmente, o objetivo principal desta pesquisa era examinar a relação entre "ser" e "perceber" na teoria do conhecimento de Berkeley. Em um primeiro momento, pensamos que um estudo da teoria da visão daria conta dessa relação, na medida em que, na obra *An Essay towards a new theory of vision* (1709), Berkeley mostra que a percepção da distância depende da associação entre as sensações do tato e da vista por meio da experiência. Todavia, o projeto foi mesmo ampliado, pois o problema da percepção se desdobra em questões epistemológicas e ontológicas que se entrecruzam constantemente. Tal ampliação tornou-se necessária em vista da própria argumentação de Berkeley, que não permite dissociar os aspectos fenomênicos das explicações de ordem metafísica. Um exemplo desse problema é o tratamento dado por Grayling[73] ao "novo princípio" da filosofia de Berkeley: *esse est percipi*[74].

A fundamentação desse princípio, entretanto, deve ser encontrada na obra mais importante de Berkeley, *A treatise concerning*

---

[72] "Nada há no intelecto que não tenha estado antes nos sentidos" – axioma dos escolásticos (São Tomás), endossado por Berkeley em PC, 539, 779. *In: Works*.
[73] Segundo Grayling (1986), os argumentos de Berkeley se deslocam em três níveis: o estritamente fenomenológico (*sense data*); o fenomênico (mundo da experiência ordinária); e o metafísico (que, em última instância, explica os dois anteriores). Esse comentário será aprofundado oportunamente a partir da análise de Grayling.
[74] BERKELEY. Principles, § 3. *In: Works*: "Ser é ser percebido".

the Principles of human knowledge (1710). Os primeiros parágrafos desse tratado (§ 1-7) são suficientes para que o autor apresente claramente a essência do imaterialismo, deixando o leitor em "estado de choque"[75] por ter constatado uma verdade tão simples:

> Algumas verdades são tão próximas e obvias para a mente, que um homem só precisaria abrir seus olhos para vê-las. Assim me parece que é esta, a saber, que todo o coro do firmamento e a mobília da terra. Em uma palavra, todos esses corpos que compõem a poderosa estrutura do mundo, não têm nenhuma existência sem uma mente, pois seu ser é ser percebido ou conhecido.[76]

Não obstante, quando conseguimos refletir sobre essa passagem, a tendência é interpretá-la de maneira equivocada[77]. Para evitar que isso ocorra, devemos distinguir os dois elementos que compõem a teoria da percepção de Berkeley, isto é, espírito e ideia. Na verdade, o problema lembra a formulação cartesiana da relação entre sujeito e objeto, mas a chave para resolvê-lo está no sentido peculiar que Berkeley confere ao termo "ideia". O ponto de partida de Berkeley, portanto, é a definição de ideia de Locke: "Seja lá o que a mente percebe em si mesma, ou é o objeto imediato da percepção, pensamento, ou entendimento, a isso eu chamo de ideia".[78] Todavia, a classificação estabelecida por Berkeley é mais abrangente, pois inclui todo objeto do conhecimento humano:

> *É evidente a quem investiga o objeto do conhecimento humano haver* ideias (1) atualmente impressas nos sentidos, ou (2) percebidas considerando as paixões e operações do espírito, ou finalmente (3) formadas com o auxílio da memória e da imaginação, compondo, dividindo, ou simplesmente

---

[75] *Cf.* TIPTON, 1988, p. 201.
[76] *Ibid.*, § 6.
[77] *Cf.* as típicas reações de Borges, Johnson e Kant na *Introdução*.
[78] LOCKE, 1894, II, viii, 8, p. 169.

representando as originariamente apreendidas pelo modo acima referido.[79]

Uma primeira via de interpretação errada é pensar que, para Berkeley, não podemos distinguir as ideias "reais" das ideias "da imaginação".[80] A dor que sentimos quando nos queimamos com fogo, por exemplo, não tem a mesma intensidade que a lembrança dessa dor. Podemos até imaginar a dor de uma queimadura, mas isso pode ser feito somente a partir de uma "ideia" original de dor percebida pelo sentido do tato. Winkler[81] observa que as ideias *impressas nos sentidos* diferem das ideias excitadas pela imaginação por serem mais regulares, vivas e constantes e por serem fortes, mais ordenadas e mais coerentes – "mas ainda assim, são ideias", disse Berkeley. Nesse ponto, Berkeley recomenda um uso mais restrito do termo "ideia", que é completamente apropriado, adverte, apenas para as ideias da imaginação:

> As ideias impressas nos sentidos pelo Autor da Natureza são chamadas coisas reais; e aquelas excitadas na imaginação, por ser menos regulares, vivas e constantes, são denominadas mais apropriadamente de ideias, ou imagens das coisas, que copiam e representam.[82]

Essa restrição, aplicada por Berkeley ao termo "ideia", pode ser compreendida a partir da distinção entre apresentação e representação de ideias. Nesse sentido, Smith destaca que, no contexto do cartesianismo, a reviravolta metafísica no sistema de Berkeley é uma questão de pura consistência, se levarmos em conta que a noção central de representação foi completamente alterada. Vale lembrar que a essência da representação era a distinção ontológica entre o representante (*representans*) e o representado (*representa-*

---

[79] *Ibid.*, § 1.
[80] O problema de saber se estamos acordados ou sonhando pode ser discutido a partir da distinção entre realidade (ideias impressas em nossos sentidos por Deus) e imaginação (ideias formadas por nossa vontade a partir das ideias que temos na memória).
[81] WINKLER, Kenneth. *Berkeley*: an interpretation. Oxford: Clarendon Press, 1994. p. 10.
[82] BERKELEY. Principles, § 33. *In: Works*.

tum). Acontece que, quando procuramos as características materiais das representações mentais *(representantia)*, o que encontramos são as sensações; e, ao aprofundar ainda mais a investigação, identificamos as características próprias do que é representado *(representata)* também nas sensações. Daí que o sistema inteiro do *representacionalismo* tenha desmoronado. Os estados mentais não são mais intrinsecamente representações, mas apresentações.[83]

Falar em "apresentação de ideias" significa que as ideias se apresentam à mente independentemente da nossa vontade: abrimos os olhos e, simplesmente, as ideias são percebidas. A "representação" de ideias, por sua vez, supõe uma reapresentação daquelas ideias que, em algum momento anterior, foram imediatamente percebidas pelos sentidos. As quimeras, por exemplo, são "imagens" formadas em nossa mente com o auxílio da memória e da imaginação; elas apenas reapresentam "ideias" primitivas ou suas partes, combinadas entre si:

> Acho que tenho a faculdade de imaginar, conceber ou representar-me para mim mesmo as ideias dessas coisas particulares que já percebi, compondo-as e dividindo-as de vários modos. Posso imaginar um homem com duas cabeças, ou a parte superior de um homem unida com o corpo de um cavalo.[84]

O senso comum e os filósofos que Berkeley pretende criticar (Descartes, Locke e Newton) diriam que Berkeley está certo quando diz que esse tipo de ideia (centauro, sereia) existe apenas na mente que as percebe, precisamente porque se trata apenas do fruto da nossa imaginação. Porém, essa condição ontológica – de ser somente enquanto percebido – é negada ao primeiro grupo de ideias (*atualmente impressas nos sentidos*), alegando que, nesse caso, tratar-se-ia de "objetos materiais", que existem fora da mente, ou seja, em um suposto espaço exterior. O exemplo da "maça", que Berkeley cita no primeiro parágrafo dos *Principles* e nós discutire-

---

[83] *Cf.* SMITH, Arthur David. Berkeley's central argument against material substance. *In*: FOSTER, John; ROBINSON, Howard (ed.). *Essays on Berkeley*. Oxford: Clarendon Press, 1985. p. 56.

[84] BERKELEY. First draft of the Introduction to the Principles, § 10. *In*: *Works*.

mos mais adiante, mostra que os *objetos sensíveis* são percebidos como *coleções de ideias* ou feixes de percepções mentais, o que não pressupõe materialidade nem exterioridade. Essa afirmação pode parecer chocante, porque contraria as tendências filosóficas da época, que propunham, por um lado, uma duplicação do mundo em real e aparente, adotando a bipartição entre as coisas reais, materiais e exteriores; e, por outro, as ideias enquanto imagens mentais ou cópias dessas coisas originais. Contudo, a proposta de Berkeley não admite essa separação entre matéria e representação mental, uma vez que tudo que existe deve ser percebido; e, para que um objeto possa ser percebido, deve existir um sujeito que perceba – a mente. Esse é o argumento principal de Berkeley: a associação entre "ser" e "ser percebido", que denota uma redução do ser ao perceber. Em outras palavras, ou você percebe as coisas enquanto ideias e, desse modo, compreende que o mundo exista, ou você não está falando de nada: "[...] pretender alguém uma noção de entidade ou existência, abstraída de espírito e ideia, de percipiente e percebido, parece-me contradição e jogo de palavras".[85]

A entidade implícita nessa passagem é a substância material – a matéria. Tanto Descartes quanto Locke concebem uma substância que não percebe nem é percebida. Para Berkeley, a única substância é o espírito, que pode ser humano ou divino. O espírito humano – a mente – percebe ideias, que não representam nada; não se assemelham a nada a não ser a outras ideias; e não correspondem a nada que seja exterior à mente. Entretanto, as ideias não surgem do nada, nem por si mesmas, nem podem ser causadas pela mente humana. Mesmo assim, são de natureza espiritual, isto é, são causadas pela mente divina – Deus. Do ponto de vista epistemológico, o espírito humano opera com ideias, ou seja, percebe, imagina etc. Mas, do ponto de vista ontológico, somente o Espírito Supremo é capaz de criar – ser a causa de – as ideias. Nesse sentido, as mentes finitas – espírito humano – são perspectivas ou pontos de vista da Mente Universal – espírito divino. Visto

---

[85] BERKELEY. Principles, § 81. *In: Works.*

que da substância espiritual (*sujeito*) somente é possível ter uma "noção", e que as "ideias" – arquétipos divinos – são, estritamente falando, o *objeto* da nossa percepção sensível, concluímos que a Causa Metafísica da totalidade das ideias e dos espíritos finitos é justamente essa noção de uma Mente Universal – que, na maioria das religiões e na metafísica, é chamada de Deus. Nesse sentido, concordamos com Berkeley de que o mundo da experiência, fora as explicações humanas, não é outra coisa senão o Ser "em quem vivemos, nos movemos e somos".[86]

A crítica de Berkeley, como pretendemos mostrar, atinge tanto o "realismo" cartesiano, quanto o "idealismo representativo" de Locke. No idealismo de Berkeley – *imaterialismo radical* –, existe apenas uma única realidade, constituída por ideias percebidas na mente – objetos sensíveis. O leitor pode estranhar – e com razão – a terminologia aplicada, respectivamente, às filosofias de Descartes e de Locke no início deste parágrafo. Foi por isso que decidimos colocar aspas e explicar brevemente em que sentido usamos as palavras. Em primeiro lugar, precisamos deixar claro que é Descartes quem inaugura a *filosofia da representação*; mas que alguns o consideram *idealista*, por causa da sua crença em ideias inatas. Nesse ponto, Locke se opõe a Descartes, afirmando que o conhecimento provém da experiência. A partir desse momento, inicia-se o que mais tarde seria aceito por muitos como a clássica divisão entre o *racionalistas* e *empiristas*, que hoje serve para caracterizar, de modo bastante geral, o pensamento do século XVII.[87] Porém, essa classificação não nos serve para o que queremos elucidar aqui, visto que a posição de Berkeley – apesar de ser empirista – não se assemelha à de Locke, ainda que em alguns pontos se aproxime da posição cartesiana. O que nos interessa agora é mostrar as diferenças. A palavra "realista", por sua vez, denota uma intenção

---

[86] *Ibid.*, § 149.
[87] Há muitas controvérsias a respeito dessa classificação, mas não vamos discuti-las aqui. Tradicionalmente, são considerados filósofos racionalistas aqueles que defendem a supremacia da razão, isto é, Descartes, Leibniz, Espinosa, entre outros. Os filósofos empiristas, que atribuem à experiência um lugar central na teoria do conhecimento, são Locke, Berkeley e Hume.

de exprimir teoricamente a realidade. Nesse sentido, a crítica de Berkeley atinge ambas as variantes da filosofia da representação dos modernos (Descartes e Locke), porque eles sustentam um realismo por trás de um idealismo empírico, isto é, a pretensão de dar conta do mundo exterior – supostamente material e real – a partir das ideias que o representam no mundo da experiência – supostamente aparente.

Na filosofia de Descartes, por exemplo, as ideias verdadeiras "correspondem" à realidade das coisas exteriores, cuja existência é independente das ideias. Por isso, Descartes atribui uma "realidade formal" tanto às coisas quanto às ideias, mas designa o ser ideado pelas próprias ideias também como realidade, na medida em que as ideias têm, ainda, "realidade objetiva". É esse argumento que vai permitir a Descartes estabelecer uma correspondência entre as ideias, enquanto conteúdos de pensamento, e as coisas exteriores. Todavia, para compreender corretamente esse argumento – a bipartição entre realidade formal e realidade objetiva das ideias –, devemos pesar que, inicialmente, tudo que existe tem uma realidade formal, inclusive as ideias. O que acontece é que as ideias, além de terem uma realidade formal, têm uma realidade objetiva. Não é que as ideias, enquanto entidades, têm uma realidade objetiva e o resto das coisas têm uma realidade formal. As ideias, enquanto ideias, têm realidade formal e o conteúdo das ideias é a sua realidade objetiva. Por exemplo, se eu tenho uma ideia de livro: o livro, enquanto conteúdo da minha ideia, tem uma realidade objetiva na minha ideia, e a ideia, considerada como entidade, tem uma realidade formal. Portanto, não é porque as ideias *têm realidade objetiva que elas são realidades; elas são realidades porque elas têm realidade formal – tudo é realidade porque tem realidade formal.* É que *as* ideias, além de terem a sua consistência ontológica própria, têm uma certa *intencionalidade*, ou seja, realidade objetiva. O termo "intencionalidade" deve ser compreendido aqui no sentido de *dirigir-se ou referir-se a um objeto*. A noção subjacente é que, ao pensar, pensa-se *acerca de algo*, portanto, o pensamento se volta para um dado *objeto*. Portanto, as ideias, além de terem realidade formal, *têm um conteúdo ideado*. Esse conteúdo ideado é a realidade objetiva da ideia, isto é, o objeto da ideia. Nesse sentido, podemos dizer que o que é representado está na ideia *objetivamente* e está fora da ideia *formalmente*. Berkeley pretende refutar a existência material e absoluta de coisas exteriores. A suposição de que há corpos materiais, acompanhada da concepção de ideias como representações ou "imagens" dos objetos materiais, tem origem na teoria cartesiana conhecida como *dualismo das substâncias* (*res cogitans – res extensa*).

No caso de Locke, a crítica de Berkeley passa por outro lado, a saber, pela análise da teoria causal da percepção. O próprio Berkeley aceita uma teoria causal, mas não do tipo lockeana, na qual os conteúdos de estados de consciência são terminações de cadeias causais iniciadas pelas propriedades dos objetos exteriores.[88] Como este livro privilegia, entre outros temas, a análise da teoria da visão de Berkeley, vamos examinar a crítica à teoria causal tomando como exemplo o sentido da visão. A teoria causal supõe que a luz é absorvida e logo reemitida pela superfície dos objetos, cuja constituição determina o comprimento de onda da luz reemitida; a luz atravessa pelo meio de intervenção até a superfície do olho, no qual penetra, passando através da lente que a focaliza sobre a retina, onde vários receptores são estimulados por ela em padrões que são codificados e transmitidos pelo nervo óptico aos centros visuais do córtex, situado na parte posterior do cérebro; e o rápido estímulo das células corticais finalmente produz – de alguma forma ainda desconhecida – a ideia sensorial de uma figura colorida. O argumento de Berkeley é que somente temos consciência da ideia sensível que aparece no final dessa descrição; nós não temos acesso aos elos intermediários na cadeia causal ou na sua origem e muito menos a alguma coisa pulando fora para detectar, além das nossas ideias sensíveis, os demais eventos supostamente envolvidos em produzi-las. Talvez essa teoria constitua um modelo

---

[88] *Cf.* BERKELEY. Dialogues 1, p. 179-186. *In*: *Works*.

designado a explicar a percepção *por meio de premissas realistas*.[89] Tudo o que temos, e tudo o que podemos ter, são ideias sensíveis (*sense data*), e poderíamos tê-las sem sermos o término de cadeias causais – como acontece, por exemplo, nos sonhos. Por esse motivo, não temos nenhuma justificativa para usar as premissas realistas que a teoria causal exige para estabelecer-se a si mesma, a menos que as premissas possam ser estabelecidas independentemente e, naturalmente, a teoria não possa ser usada por si só como uma justificativa da crença de que, por meio do processo que ela descreve, nós temos acesso aos objetos exteriores.[90]

2.2 Sensíveis próprios – *sense data*

Levando em conta a classificação de ideias de Berkeley (*Principles*, § 1) e, sobretudo, as ideias do primeiro tipo – *atualmente impressas nos sentidos*, Berkeley parece valer-se da noção aristotélica de *sensível próprio*, visto que as palavras que ele usa para referir-se a esse tipo de ideia – *atualmente, imediatamente e propriamente* – lembram da análise aristotélica sobre a percepção. Não obstante, a concepção de sensível é completamente diferente em ambos os autores. O ponto de partida é que tanto para Berkeley quanto para Aristóteles o sensível próprio é privilegiado. Aristóteles afirma que o objeto – por exemplo, um livro – tem *em ato* certas qualidades; e que a sensibilidade tem *em potência* essas propriedades. Quando ocorre o contato entre o objeto e a alma, a sensibilidade atualiza essa potencialidade.

Aristóteles atribui a cada sentido o objeto que lhe é próprio, isto é, aquele objeto que cada sentido é capaz de perceber. A expressão "objeto dos sentidos" compreende três classes de objetos: (a) o objeto que pode ser percebido *apenas* por um único sentido; (b) o objeto que pode ser percebido por *qualquer* sentido ou por *todos* eles; (c) o objeto que pode ser percebido *incidental-*

---

[89] Essa é a justificativa pela aplicação do termo "realista" às filosofias da representação.
[90] *Cf.* GRICE, Herbert Paul. The causal theory of perception. *In*: WARNOCK, Geoffrey James (ed.). *The philosophy of perception*. Oxford: Oxford University Press, 1967.

mente. Tendo em vista essas três classes de objetos, Aristóteles vai chamar de "sensível próprio" (*special object*) aquele objeto que não pode ser percebido por qualquer outro sentido, por exemplo: a cor é o sensível próprio da vista; o som do ouvido; o sabor do gosto. Aristóteles também destaca os "sensíveis comuns": movimento, repouso, número, figura, magnitude; esses não são próprios de nenhum sentido, mas são comuns a todos, como os movimentos que podem ser percebidos tanto pelo tato quanto pela vista. Por fim, Aristóteles descreve o objeto *incidental* dos sentidos com o seguinte exemplo: vemos um objeto branco, porém afirmamos que vemos o filho de Diares. Na verdade, existe uma relação entre o filho de Diares e a parte branca *diretamente* visível, pois é possível que ele esteja vestindo uma roupa dessa cor. Nesse caso, percebemos ou vemos, *incidentalmente*, o filho de Diares. Contudo, não é exatamente assim que um objeto afeta os sentidos, portanto Aristóteles conclui que "das duas primeiras classes, [...] a primeira – aquela dos sensíveis próprios – constitui o objeto dos sentidos no sentido estrito do termo".[91]

Em Berkeley, a estrutura é diferente, porque não há distinção entre o objeto e a ideia, de modo que a ideia já é a própria atualização. Todavia, Berkeley afirma que o espírito tem a capacidade de perceber ideias, o que pode ser considerado uma potencialidade. Além disso, as ideias – que não são objetos no sentido aristotélico – são entendidas como "objetos sensíveis". Nesse sentido, o sujeito *atualiza* a ideia quando ocorre a percepção. Berkeley estabelece a relação sujeito-objeto a partir de duas modalidades de ser opostas – espírito e ideia – que são, respectivamente, o componente ativo (sujeito) e componente passivo (objeto) da teoria da percepção. Desse modo, o espírito atualiza as propriedades (ideias) quando percebe, por exemplo, um livro. O livro não é dado de uma vez, tal qual um objeto pronto e acabado; trata-se de um conjunto de ideias que, na verdade, são percebidas por sentidos diferentes (sensíveis próprios). Assim, a cor verde da capa do livro é perce-

---

[91] Aristóteles. *Acerca del alma*. Introdução, tradução e notas de Tomás Calvo Martínez. Madrid: Gredos, 1988. p. 189.; ARISTÓTELES, 1952.

bida pela vista, o som que eu ouço quando o toco é percebido pelo ouvido e a sua textura é percebida pelo tato. Cada uma dessas propriedades, para Berkeley, é uma ideia (objeto sensível) que é *propriamente* percebida pelos sentidos, dando origem à ideia de livro como um feixe de percepções. Dessa maneira, nossos sentidos têm em potência as propriedades que as ideias (objetos sensíveis) têm em ato, visto que as ideias se atualizam quando são percebidas pelo espírito. Isso não quer dizer que exista outra coisa, ademais de espírito e ideia, nem que seja preciso estabelecer uma correspondência entre o objeto e suas propriedades – como no caso de Aristóteles. Para Berkeley, as ideias são impressas no espírito humano por um espírito divino que é ato puro (Deus), de maneira que, quando o espírito humano está percebendo ideias, estas são *imediatamente* percebidas. Esse é o sentido das palavras atualmente, imediatamente e propriamente.

Com isso, não queremos propor uma aproximação de Berkeley com Aristóteles, mas apenas apontar que, para Berkeley, existe primordialmente o "sensível próprio", que é uma noção aristotélica. Entretanto, o que Aristóteles chama de "sensível comum", para Berkeley, é construído pela experiência, que estabelece associações entre sentidos diferentes. Como para Aristóteles o sensível comum não é construído, e sim diretamente percebido pelos diferentes sentidos, é possível perceber a distância e o movimento indistintamente pela visão e pelo tato. Para Berkeley, isso constitui um problema, que nós pretendemos abordar neste livro. Justamente nesse ponto é que se encontra a diferença argumentativa entre ambos. Ainda que Berkeley não concorde com as afirmações de Aristóteles acima discutidas, parece evidente que a noção de sensível próprio está na base da sua teoria da percepção. Como foi mostrado anteriormente, a originalidade de Berkeley consiste em reconhecer o valor objetivo da percepção sensível, ou seja, na concepção de ideias-objeto (objetos sensíveis):

> Pela vista tenho ideias de luzes e cores, e respectivos tons e variantes. Pelo tato percebo o áspero e o macio, quente e frio, movimento e resistência,

> e de todos estes a maior ou menor quantidade ou grau. O olfato fornece-me aromas, o paladar sabores, e o ouvido traz ao espírito os sons na variedade de tom e composição. E, como vários deles se observam em conjunto, indicam-se por um nome e consideram-se uma coisa. Por exemplo, um certo sabor, cheiro, cor, forma e consistência observados juntamente são tidos como uma coisa, significada pelo nome 'maçã'. Outras coleções de ideias constituem uma pedra, uma árvore, um livro etc., e, como são agradáveis ou desagradáveis, excitam as paixões de amor, alegria, repugnância, tristeza e assim por diante. [92]

Diante do exposto, confirmamos que o termo técnico "ideia", conforme designado por Berkeley, obedece à escolha de uma argumentação que seja capaz de dar conta do existente acentuando o caráter central da percepção. Todavia, há quem diga que: "se o preço para refutar o ceticismo é jogar o mundo exterior para dentro da mente; é um preço caro".[93] Nesse caso, Berkeley estaria transformando as coisas em ideias ou, como pensava Kant[94], degradando os corpos a uma simples ilusão. Gueroult, no entanto, pensa exatamente o contrário: que Berkeley faz a *transformação de ideias em objetos*.[95] De qualquer modo, a palavra 'transformação' não é muito apropriada, pois parece que opera com duas coisas heterogêneas – que não é o caso. Em outras palavras, o que Berkeley quer mostrar é que o sentido do termo 'ideia', assimilado à percepção, não admite a existência de objetos independentes da mente, insensíveis ou imperceptíveis. Trata-se em câmbio de uma identificação entre ideia e objeto sensível que nos leva a atribuir realidade *às* próprias percepções:

> Por objeto sensível entendo aquilo que é propriamente percebido pelos sentidos. Coisas propria-

---

[92] BERKELEY. Principles, §1. *In*: Works.
[93] PORCHAT, Oswaldo. *In*: COLÓQUIO DE EPISTEMOLOGIA DA USJT: AÇÃO, CRENÇA E CONHECIMENTO, 4., 2005, São Paulo. Anais [...]. São Paulo: Universidade São Judas Tadeu, 2005.
[94] *Cf*. KANT, Immanuel. *Crítica da Razão Pura*. São Paulo: Nova Cultural, 1999. (Os Pensadores). p. 89.
[95] GUEROULT, 1956, p. 25-28.

> mente percebidas pelos sentidos são imediatamente percebidas. [...] Os objetos dos sentidos, sendo coisas imediatamente percebidas são, entretanto, chamados de ideias.[96]

As ideias do segundo tipo – *percebidas considerando as paixões e operações do espírito* – não são enumeradas por Berkeley. Não obstante, essa denominação corresponde à distinção lockeana entre "ideias de sensação", que são as qualidades sensíveis, e "ideias de reflexão", que são aquelas operações que:

> [...] suprem o entendimento com outra série de ideias que não poderia ser obtida das coisas externas, tais como a percepção, o pensamento, o duvidar, o crer, o raciocinar, o conhecer, o querer e todos os diferentes atos de nossas próprias mentes. [...] O termo operações é usado aqui em sentido lato, compreendendo não apenas as ações da mente sobre suas ideias, mas também certos tipos de paixões que às vezes nascem delas, tais como a satisfação ou inquietude que nascem de qualquer pensamento.[97]

Alguns comentadores (Luce e Tipton) suspeitam que Berkeley tenha incluído diplomaticamente esse grupo de ideias para agradar o leitor lockeano, que encontra, logo no parágrafo inaugural da obra, uma classificação de ideias familiar. Grayling, entretanto, aponta que o sentido berkeleyano do termo "ideia" é incompatível com a expressão "operações do espírito", visto que essas palavras supõem uma certa atividade que só pode ser atribuída à mente. Berkeley introduz esse novo componente da teoria da percepção no parágrafo seguinte:

> Mas ao lado da infinita variedade de ideias ou objetos do conhecimento há alguma coisa que os conhece ou percebe, e realiza diversas operações como querer, imaginar, recordar, a respeito

---

[96] BERKELEY. *The theory of vision vindicated and explained*, § 9-11. *In*: Works.
[97] LOCKE, John. *Ensaio acerca do entendimento humano*. São Paulo: Nova Cultural, 1991. (Os Pensadores). p. 28, II, i, 4.

deles. Este percipiente (*perceiving*), ser ativo, é o que chamo de mente, espírito, alma ou eu (*my self*). Por estas palavras não designo alguma de minhas ideias, mas alguma coisa distinta delas e onde elas existem, ou o que é o mesmo, por que são percebidas; porque a existência de uma ideia consiste em ser percebida.[98]

A teoria do conhecimento de Berkeley tem, ainda, um alcance metafísico – a pretensão ontológica de conhecer o ser por meio da identificação entre ser e perceber. Berkeley define a existência com duas modalidades de ser, radicalmente opostas entre si: por um lado, o "ser percebido" (*percipi*), de caráter passivo e inerte, que é o caso das ideias; em contrapartida, o "perceber" (*percipere*[99]), de caráter ativo, que designa o espírito.

2.3 Objetividade inerente ao sujeito

A partir dessas duas modalidades de ser, compreende-se a recusa de Berkeley da existência absoluta de coisas fora do espírito ou não percebidas por nenhuma mente. Dizer que "houve um som", por exemplo, significa que alguém o ouviu, pois como poderia existir de outro modo?[100] Os dados dos sentidos (*sense data*), sendo ideias passivas e inertes, são percebidos por um elemento ativo – a mente. Não devemos pensar que o sujeito está apreendendo dados que estão fora dele. A ideia de objeto sensível exterior é contraditória, na medida em que objeto sensível é aquilo que se assimila no interior do sujeito.

Isso não significa, entretanto, que haja uma redução das dimensões do ser à dimensão subjetiva, senão que abre a possibilidade de pensar a relação sujeito-objeto no interior do sujeito. O espírito é o modo subjetivo do ser e não pode perceber-se a si

---

[98] BERKELEY. Principles, § 2. In: *Works*.
[99] *Cf.* BERKELEY. Philosophical Commentaries, 429. In: *Works*.
[100] Oportunamente, discutiremos o argumento da concepção de objetos existindo fora da mente, apresentado por Berkeley (Principles, § 22-24. In: *Works*): "nada mais fácil do que imaginar, por exemplo, árvores em um parque, ou livros em uma estante e ninguém para percebê-los".

mesmo; apenas pode perceber ideias, que constituem o modo objetivo do ser:

> [...] as palavras vontade, alma, espírito não significam ideias diferentes nem, na verdade, ideia alguma, senão algo diferente das ideias e que, sendo agente, não pode ser semelhante a ou representado por uma ideia qualquer.[101]

Devido à irredutibilidade entre objeto percebido e sujeito percipiente, não podemos conhecer diretamente o espírito ou "ter uma ideia" de um ser ativo, como também não podemos pretender "ver um som". Berkeley, no entanto, vai admitir que podemos ter uma "noção" do espírito.[102] Segundo Grayling, as noções:

> [...] *são conceitos focalizados* do eu (self), espírito ou mente, e de Deus, que não têm origem na experiência sensível e, portanto, não são ideias, mas conseguimos ter uma compreensão deles por meio de uma intuição imediata, no caso da nossa própria mente, ou por 'reflexão e raciocínio', no caso de Deus.[103]

Outra forma de mal interpretar a teoria da percepção de Berkeley é pensar que dela decorre o *solipsismo*, isto é, a tese de que apenas *minha* mente existe. Berkeley afirma claramente, como foi mostrado nos parágrafos anteriores, que a existência de qualquer ideia consiste em ser percebida por *alguma* mente, não necessariamente a *minha*:

> Dizer que os corpos não têm existência fora do espírito (*without the mind*), não quer dizer neste ou naquele espírito particular, mas em todos. Não se segue, portanto, desses princípios que os corpos sejam aniquilados em cada instante ou não existam no intervalo das nossas percepções.[104]

---

[101] *Ibid.*, § 27.
[102] BERKELEY. Principles, § 140-142. In: Works.
[103] GRAYLING, 1986, p. 50.
[104] BERKELEY. Principles, § 48. In: Works.

Todavia, o problema do *solipsismo* poderia ser formulado em função da relação sujeito-objeto, ou seja, quando um sujeito percebe outro sujeito como objeto e vice-versa. Nesse caso, a modalidade do ser vai depender da relação de percepção entre eles: qual é o sujeito que percebe e qual o objeto (sujeito?) que está sendo percebido? Esse problema desaparece quando assumimos a postura radical de Berkeley, porque não é possível perceber um espírito – o sujeito; podemos ter uma "noção" dele por analogia entre o seu "corpo" (conjunto de ideias percebidas) e o nosso, mas em hipótese alguma o sujeito pode transformar-se em objeto.

No sistema de Berkeley, o sujeito é o espírito e o objeto é a sucessão de ideias percebidas por ele. Todavia, as ideias que constituem a realidade não dependem da nossa vontade: elas surgem de um modo próprio, o que denota a independência do curso da natureza. Essas ideias são criadas por Deus dentro do sujeito como modificações do espírito. Por conseguinte, o valor objetivo das ideias é imanente a elas. Tendo em vista que as ideias não dependem daquilo que representam – como pretendem Descartes e Locke – a objetividade, para Berkeley, é intrínseca ao espírito. A causalidade metafísica concebida por Berkeley garante essa objetividade, pois a Criação Divina consiste no estabelecimento de uma ordem de percepções para cada mente humana. O que muda é a perspectiva de cada espírito; logo, a objetividade é inerente ao sujeito.

2.4 Percepção direta e indireta

A partir da classificação de ideias, inicialmente estabelecida por Berkeley – (1) atualmente impressas nos sentidos; (2) considerando as operações do espírito; (3) formadas com ajuda da imaginação e memória – podemos distinguir duas formas de perceber os objetos do conhecimento. Para isso, deve ser levada em conta a maneira como as ideias são percebidas, isto é, direta ou indiretamente[105]. O primeiro grupo – *percepção direta ou imediata* –

---

[105] Pitcher (1983) usa outra terminologia para referir-se a esses grupos de ideias: "percepções imediatas" (sem mediação); e "percepções mediatas" (com mediação), respectivamente.

revela que as ideias são apresentadas à consciência imediatamente. Cada um dos nossos sentidos percebe diretamente uma ideia que lhe é própria: a visão percebe cores; o ouvido, sons; o olfato, cheiros; e assim por diante. Aristóteles, conforme foi mostrado no início deste capítulo, identifica a correspondência entre o tipo de sensação e o órgão sensorial como "sensíveis próprios". Berkeley mostra que a percepção de objetos não acontece isoladamente. Ainda que cada sentido perceba *propriamente* um tipo de ideia, nada impede que nossos cinco sentidos percebam ideias simultaneamente. Eu posso perceber, pela vista, a cor vermelha de uma xícara, e, pelo tato, o seu peso e a sua temperatura. Trata-se de ideias (percepções) diferentes que, no entanto, são percebidas ao mesmo tempo. A esse conjunto de percepções eu chamo de "xícara" e posso afirmar que é um outro tipo de objeto – objeto físico – que também é percebido diretamente. A constância e a regularidade, com que essas ideias particulares (cor da xícara, peso etc.) são percebidas, fazem com que, na minha experiência, se unifiquem. A linguagem me permite nomear esses conjuntos de ideias e, dessa maneira, segundo Berkeley, são construídos os "objetos físicos" como a xícara. De qualquer modo, os "objetos físicos" também são uma forma de percepção direta, porque eu não percebo primeiro as ideias particulares e depois o objeto composto. Pelo contrário, tudo é percebido ao mesmo tempo.

Por "percepção imediata", Berkeley entende exatamente o que a frase diz, a saber, a percepção sem intermediação ou inferência. As ideias estão totalmente presentes na consciência, e não são mais que aquilo que aparece. Elas não significam outra coisa, elas não representam nem transmitem informações sobre alguma outra coisa que elas mesmas, no sentido visado pelas teorias representativas da percepção. Visto que os objetos – mesas, árvores – são coleções de qualidades sensíveis, e estas são ideias, segue-se que os objetos são imediatamente percebidos; e o sentido em que os objetos e as ideias que os constituem são também imediatamente percebidos deve ser entendido da maneira acima descrita. Além disso, o fato de que o que é percebido é percebido como sendo sempre alguma coisa – uma mesa ou uma árvore – não é um fato suplementar sobre o conteúdo da própria experiência perceptiva, mas um fato que diz respeito ao nosso pensamento e ao nosso discurso do mundo no plano dos fenômenos físicos. Eu posso dizer que vejo imediatamente uma árvore, mas sei que, estritamente falando, trata-se de um complexo de ideias correspondentes a diferentes sentidos.

Por outro lado, a *percepção indireta ou imediata* – insinuada no exemplo de Aristóteles como percepção "incidental" – constitui uma categoria de percepção que, segundo Grayling[106], tem levantado desentendimento entre os comentadores. Tal problema constitui um dos pontos mais importantes da teoria berkeleyana da percepção e é introduzido por *Hylas*, nos *Dialogues*, sintetizando a tese principal de Berkeley: "[...] na verdade, os sentidos não percebem nada que eles não percebam imediatamente: porque eles não fazem inferências"[107].

Na teoria de Berkeley, portanto, reconhecemos dois tipos de percepção: a *percepção direta ou imediata*; e a *percepção indireta*. Esta última, por sua vez, admite duas formas de obter conhecimento: a inferência, que envolve processos racionais como a dedução de causas a partir dos efeitos; e um tipo de percepção sensível que Berkeley chama de "sugestão". Tendo em vista uma possível confusão entre ambas, Berkeley procura distinguir aquilo que pertence à percepção e – ainda que de maneira indireta – *é próprio dos sentidos daquilo que pertence ao entendimento:*

> Perceber é uma coisa; julgar é outra. Da mesma maneira, uma coisa é ser sugerido, outra é ser inferido. As coisas são sugeridas e percebidas pelos sentidos. Nós produzimos juízos e inferências pelo entendimento. [108]

---

[106] GRAYLING, 1986, II, ii, p. 63.
[107] BERKELEY. Three dialogues between Hylas and Philonous, I, p. 174. *In*: *Works*.
[108] *Id*. Theory of vision vindicated, § 42. *In*: *Works*.

Um exemplo de percepção "sugerida" – que será desenvolvido a seguir – é a percepção da distância que, segundo Berkeley, "torna-se visível por meio de alguma outra ideia que é, por si mesma, imediatamente percebida no ato da visão".[109] Qual é a ideia imediatamente percebida nesse momento? Berkeley sustenta que não se trata apenas de uma ideia, mas de várias. Esse tipo de ideia, embora possa estar associado aos nossos olhos, não é propriamente visual. Para Berkeley, a ideia de distância não é como a ideia de uma cor, por exemplo, que pode ser imediatamente percebida pela vista. A distância é uma ideia que construímos na nossa mente, porque a experiência nos faz associar a aparência visual do tamanho dos objetos com os diferentes graus de distância, que confirmamos ao tocar os objetos, obtendo desse modo uma ideia tátil diferente. Nesse sentido, a aparência visual do tamanho nos sugere a ideia de distância, da qual dependem as ideias de espaço e de exterioridade: "A estimativa que fazemos da distância de objetos parece ser um ato do juízo mais baseado na experiência que nos sentidos".[110]

Berkeley defende a tese de que nós aprendemos a estimar a distância em termos das aparências visuais das coisas. Essa tese permite explicar, por exemplo, por que quando vemos uma bolinha de pingue-pongue, que apresenta um tamanho maior que uma bolinha de tênis, compreendemos que a bolinha de pingue-pongue está mais próxima.[111] Acontece que nós temos, por experiência prévia, uma ideia tátil do tamanho real da bolinha de pingue-pongue – identificada à distância pela cor branca. Também temos uma ideia prévia do tamanho real da bolinha de tênis – obtida pelo sentido do tato – que reconhecemos de longe pela cor amarela. Quando vemos seus respectivos tamanhos aparentes – baseando-nos nas cores que vemos nas bolinhas – associamos quase inconscientemente as ideias, de modo que as cores, em relação ao tamanho aparente das bolinhas, nos sugerem que a maior (tênis) se encontra mais

---

[109] Id. NTV, § 11. In: Works.
[110] Id. An Essay towards a new theory of vision, § 3. In: Works.
[111] URMSON, 1982, p. 39.

distante de nós que a outra, visto que o seu tamanho aparente é menor, o que não condiz com a nossa informação tátil.

Um dos exemplos que utiliza Berkeley, na *NTV*, para ilustrar esse processo de percepção indireta é o exemplo da *vergonha*. Trata-se de um caso de percepção indireta, porque ninguém pode perceber *diretamente* a vergonha alheia, nem qualquer outro sentimento interno que uma pessoa diferente de nós mesmos manifeste. Entretanto, é possível identificar alguns indícios desses sentimentos nos outros. Segundo Berkeley, quando a mente não percebe imediatamente e por si mesma uma ideia, pode fazê-lo por meio de alguma outra ideia. Isso acontece, por exemplo, no caso das paixões que estão na mente de outra pessoa que não eu, visto que são invisíveis para mim e, no entanto, eu muitas vezes consigo perceber alguns desses sentimentos nos outros. Mas, como podemos afirmar que fulano está nervoso ou envergonhado sem ter acesso a sua consciência interna? Há alguma coisa que é percebida pela vista, mesmo que não seja de forma imediata. De fato, as paixões desse tipo (vergonha, medo, ira etc.) podem ser percebidas *indiretamente* por meio das cores que elas produzem na expressão (*countenance*) da pessoa afetada:

> Frequentemente, vemos a vergonha ou o medo na aparência de um homem, conforme percebamos a mudança na sua expressão para o vermelho ou para o pálido. Além disso, *é evidente que nenhuma* ideia, que não seja por si mesma percebida, pode ser o meio para perceber qualquer outra ideia. Se eu não percebesse a vermelhidão ou a palidez no rosto de um homem por si mesmas, seria impossível perceber as paixões que estão na sua mente por meio delas. [112]

Berkeley dá outros exemplos para ilustrar o que ele entende por percepção indireta, mas vamos examinar uma situação que diz respeito à percepção em geral, que envolve não só o sentido da visão, mas também outros sentidos – ouvido e tato. Essa pas-

---

[112] BERKELEY. NTV, § 9-10. *In: Works*.

sagem é frequentemente discutida pelos comentadores[113] porque parte de um pressuposto do senso comum, a saber, de que todos admitimos como uma verdade indiscutível a suposição de que percepção sempre vem dos objetos substanciais, como carros, mesas e livros. Eu vejo uma caneta na mesa. Eu posso vê-la, posso segurá-la na minha mão e senti-la. Se tivesse algum cheiro, eu também poderia cheirá-la. O exemplo de Berkeley é o seguinte:

> Sentado em meu escritório ouço uma carruagem (*coach*) passando ao longo da rua; olho pela janela e a vejo; eu saio e entro nela; desse modo, a linguagem comum poderia levar alguém a pensar que eu ouvi, vi, e toquei a mesma coisa, isto é, a carruagem.[114]

Esse exemplo mostra que, do ponto de vista físico, podemos falar da carruagem como sendo uma única e a mesma coisa (um objeto físico) da qual nós temos percepções diferentes, conforme o sentido ao qual nos refiramos. Não obstante, do ponto de vista estritamente fenomênico, as ideias que correspondem a cada sentido são diferentes, tanto qualitativamente quanto quantitativamente. A sensação que eu tenho quando vejo a cor vermelha de uma maçã é completamente diferente da sensação que eu experimento na boca ao mordê-la – o gosto. Nesse sentido, trata-se de duas ideias e, portanto, de dois objetos diferentes. A sensação que eu tenho ao olhar a maçã desde um ângulo diferente não é a mesma que eu tive em uma experiência visual anterior; portanto, a primeira ideia é distinta da segunda. O que acontece é que essas ideias aparecem constantemente unidas e, portanto, podemos legitimamente referir-nos a elas como "uma e a mesma coisa". Em relação ao exemplo da carruagem, Berkeley nota que é possível saber se ela está se aproximando mesmo antes de olhar pela janela, pois por meio da variação da intensidade do barulho, percebemos as diferentes distâncias a que ela se encontra. Portanto,

---

[113] *Cf.* TIPTON, 1988, p. 182; GRAYLING, 1986, p. 64; WINKLER, 1994, p. 157.
[114] BERKELEY. NTV, § 46. *In: Works*.

conclui Berkeley, "eu percebo a distância pelo ouvido exatamente da mesma maneira que pela vista".[115]

 Essa última frase é importante porque estabelece uma analogia entre os sentidos da audição e da visão em relação à percepção da distância. Apesar disso, na linguagem comum, aceitamos que alguém diga, por exemplo, que "vê a distância" que o separa de um objeto qualquer. Porém, se alguém diz que está "ouvindo a distância", precisaremos refletir durante alguns segundos para compreender o que isso significa. A análise da percepção visual da distância talvez seja o melhor exemplo de Berkeley para ilustrar a distinção entre inferência e percepção indireta, mas nos ocuparemos dela mais adiante. Agora, é conveniente fazer algumas considerações sobre o exemplo da carruagem. Quando ouvimos uma carruagem, ou melhor, um carro que passa pela rua, o que percebemos imediatamente é apenas o som, mas por experiência sabemos que esse tipo de som está conectado com o carro, de modo que afirmamos ter ouvido o carro. Na verdade, não há nada que possamos ouvir além dos sons. Portanto, o carro não é propriamente percebido pelos sentidos, e sim sugerido pela experiência.[116]

 Antes de avançarmos na análise, caberia mais um exemplo, que ajuda a esclarecer o que Berkeley entende por "objeto imediato", independentemente do "objeto físico" ou do "nome" ao qual tenha sido vinculado no curso ordinário da experiência. Não interessa se a ideia que eu percebo *atualmente* é alguma coisa além do que se apresenta a minha mente. O fato de ser uma ideia percebida é suficiente. Por exemplo, quando viajamos de dia por uma estrada asfaltada e vemos um trecho resplandecente na pista, sempre alguns quilômetros à frente, podemos duvidar daquilo que vemos – é uma miragem ou uma poça de água? –, mas não podemos negar que vemos o resplendor. Isso é um *objeto imediato da percepção*.[117]

---

[115] *Ibid.*
[116] *Cf.* BERKELEY. Dialogues I, p. 204. *In: Works.*
[117] *Cf.* TIPTON, 1988, p. 183.

2.5 Percepção visual da distância

A compreensão do pensamento de Berkeley, no que diz respeito ao problema da existência, ou não, de um mundo exterior, exige uma análise detalhada das teses sobre a percepção visual da distância, que o autor discute em sua primeira obra publicada, *An Essay towards a new theory of vision* (1709). Essa análise constitui um primeiro passo em direção à argumentação principal do autor. Nesse primeiro momento, Berkeley não está preocupado em defender o imaterialismo radical, mas suas teses sobre a percepção visual permitem-lhe preparar o terreno para a negação posterior da existência da matéria. Portanto, a teoria da visão não prova o imaterialismo, apenas reforça alguns pontos. Nesse sentido, nossa análise da teoria da visão poderá esclarecer a distinção, estabelecida por Berkeley, entre os objetos que são percebidos pela vista e aqueles que são percebidos pelo tato – trata-se da tese da heterogeneidade entre sentidos. Além disso, e no que diz respeito à teoria da percepção em geral, o problema da distância permite-nos exemplificar um tipo de percepção peculiar, denominado pelos comentadores[118] de *percepção indireta*, pois, segundo Berkeley, a distância não é uma ideia "diretamente" percebida, e sim uma ideia "sugerida" à mente pela associação entre ideias percebidas pela visão e pelo tato, possível graças à experiência, que estabelece uma conexão habitual entre ideias (objetos) heterogêneas. Embora este livro concentre a discussão no problema da distância, é conveniente levar em conta que a discussão de Berkeley é mais ampla, na medida em que abrange outras duas questões, como a magnitude (tamanho) e situação (posição) dos objetos. No primeiro parágrafo da *NTV*, Berkeley lança sua proposta:

> Minha intenção era mostrar a maneira como nós percebemos pela vista a distância, o tamanho, e a situação dos objetos. E também considerar a

---

[118] Pitcher e Tipton, entre outros.

diferença que há entre as ideias da vista e do tato, e se há alguma ideia comum a ambos os sentidos[119]

Algumas passagens, que analisamos no início deste capítulo, mostram que Berkeley atribui ao termo "ideia" um sentido técnico peculiar – objeto sensível – que lhe permite conceber os "objetos físicos" também como "ideias" que se constituem mentalmente como feixes de percepções, tornando desnecessário o espaço exterior que contém os objetos sensíveis que vemos e, no limite, também os que tocamos – pois, do ponto vista metafísico, todos os objetos são considerados "ideias". Porém, Berkeley observa que essa tese é recusada pela maioria dos filósofos e também pelo senso comum, quando dizem:

> [...] vemos coisas fora de nós ou à distância que, portanto, não existem na mente; sendo absurdo que essas coisas vistas a uma distância de várias milhas, estejam tão perto de nós quanto nossos próprios pensamentos. [120]

Uma possível leitura dessa objeção é proposta por Pitcher.[121] Ele sustenta que Berkeley precisava conciliar sua posição metafísica – na qual os objetos físicos são considerados apenas enquanto ideias – com o fato, admitido pelo senso comum, de que as coisas (objetos físicos) aparecem dispostas a nossa volta a diferentes distâncias de nosso corpo e, desse modo, parecem constituir o espaço exterior. Berkeley apresenta dois argumentos para tratar da objeção acima. O primeiro ele o estabelece sucintamente:

> Em resposta a isso, desejo que se considere, que em sonhos muitas vezes percebemos coisas existindo a uma grande distância de nós, e ainda assim, se reconhece que essas coisas têm sua existência apenas na mente. [122]

---

[119] BERKELEY. NTV, § 1, p. 171. *In*: *Works*.
[120] *Id*. Principles, § 42. *In*: *Works*.
[121] *Cf.* PITCHER, 1983. p. 16.
[122] BERKELEY. Principles, § 42. *In*: *Works*.

O argumento do sonho, que também se aplica no caso das alucinações, remete à formulação cartesiana de que os sentidos nos enganam e, portanto, não devemos confiar no conhecimento obtido por eles. Não obstante, Berkeley utiliza o mesmo argumento com um propósito diferente. Nos *Diálogos I*, por exemplo, Philonous tenta persuadir Hylas de que os objetos sensíveis, como a lua e as estrelas, não podem existir sem a mente (*without the mind*):

> Hylas: [...] *Não é verdade que eu vejo coisas à distância? Não percebemos que as estrelas e a lua, por exemplo, estão muito longe? Não é isso, digo eu, evidente aos sentidos?*
>
> Philonous: Você não percebe esses objetos e outros similares também em sonhos?
>
> Hylas: Eu percebo.
>
> Philonous: E, nesse caso, eles não têm a mesma aparência de estar distantes?
>
> Hylas: Eles têm.
>
> Philonous: Mas você não conclui por isso que as aparições dos sonhos existem sem a mente?[123]

Apesar de sua aparência distante, que é a forma como nós percebemos os objetos sensíveis, não devemos concluir que eles estão efetivamente fora da mente, ou melhor, que eles podem subsistir sem a mente. Alguns comentadores traduzem a expressão *"without the mind"* como "fora da mente", mas nós pensamos que isso supõe de antemão a bipartição dentro-fora (interior-exterior). Para Berkeley, não é assim que se coloca o problema, pois qualquer tipo de objeto sensível, entendido como ideia, não pode existir de maneira independente da mente, isto é, do seu "ser percebido". Dessa maneira, Berkeley se afasta da formulação cartesiana do argumento do sonho, que atribui uma deficiência cognitiva aos

---

[123] *Id.* Dialogues I, p. 201. *In: Works*.

sentidos e introduz a questão da exterioridade em relação à percepção imediata:

> Hylas: [...] Mas os sentidos não me enganam nesses casos?
>
> Philonous: De forma alguma. Nem os sentidos nem a razão te informam se a ideia ou coisa que você percebe imediatamente existe realmente sem a mente. Pelos sentidos você apenas sabe que é afetado por certas sensações de luz e cor etc. E você não vai dizer que elas [sensações] existem sem a mente.
>
> Hylas: Certo, mas acima de tudo isso, você não pensa que a vista sugere alguma exterioridade ou distância?[124]

Nesse ponto, Berkeley chama a atenção para o fato de que, quando nos aproximamos de um objeto distante, seu tamanho visível e sua figura mudam constantemente, indicando que a visão não sugere que o objeto visível imediatamente percebido exista a uma distância ou que seria percebido se avançarmos em sua direção, como uma série continuada de objetos visíveis sucedendo-se uns aos outros durante todo o tempo da aproximação. Para resolver esse problema, Berkeley apresenta um segundo argumento, apelando para sua primeira obra, *An Essay towards a new theory of vision* (1709). Nessa obra, a autor afirma que a distância, o tamanho[125] e posição dos objetos não são propriamente percebidos pela vista, e sim engendrados na experiência, isto é, pela associação entre as ideias (percepções) do tato e da visão. O problema da percepção visual da distância é privilegiado em nossa discussão, pois dele derivam os outros dois e, de modo geral, prepara o terreno para a compreensão da crítica berkeleyana aos conceitos newtonianos de espaço, tempo e movimento absoluto:

---

[124] *Ibid.*

[125] Berkeley observa, por exemplo, que a Lua parece maior quando está no horizonte que quando está no Zenith, ainda que distância que a separa da Terra permaneça a mesma em toda sua órbita.

> A distância ou exterioridade não é imediatamente nem por si mesma percebida pela visão, nem ainda apreendida ou ajuizada por linhas ou ângulos, ou qualquer coisa que tenha uma conexão necessária com ela: senão que é apenas sugerida aos nossos pensamentos, por certas ideias visíveis e sensações associadas com a visão, as quais em sua própria natureza não têm nenhum tipo de similitude ou relação, nem com a distância, nem com as coisas situadas à distância. Mas por uma conexão ensinada pela experiência, vêm a significar e sugeri-las a nós, da mesma maneira que as palavras de uma linguagem sugerem as ideias que supõem significar. Tanto que um homem cego de nascença, depois de adquirir a visão, não pensaria, à primeira vista, que as coisas que ele via, existiam sem sua mente, ou a uma distância dele.[126]

Nessa passagem, destacamos dois pontos negativos, que Berkeley diz ter demonstrado em sua primeira obra: o primeiro é que a distância não é imediatamente percebida pela visão, e o segundo que ela não é *ajuizada por linhas ou ângulos*. Segundo Pitcher[127], a primeira afirmação de Berkeley baseia-se inteiramente na *Dioptrica Nova* (1692), de William Molyneux, na medida em que essa obra pretende provar que: "não se percebe a distância por si mesma, pois é uma línea (ou uma longitude) que se mostra ao olho com a sua terminação ante nós, a qual deve, portanto, ser somente um ponto, e este é invisível".

Berkeley manteve essa tese quase intacta, pois pensava que o simples fato de ver as coisas como se estivessem situadas a várias distâncias de nós envolvia não só a percepção, mas também o juízo. A visão, no que diz respeito à ordem tridimensional das coisas, não era considerada um dado dos sentidos. Todavia, o segundo ponto trata precisamente da natureza desses juízos, que estão presentes quando aceitamos que as coisas se encontram a alguma distância

---

[126] BERKELEY. An Essay towards a new theory of vision, § 43. *In:* Works.
[127] PITCHER, 1983, p. 17.

de nós. Berkeley vai discordar das explicações vigentes na sua época sobre a percepção visual da distância, principalmente quando se trata de objetos próximos de nós:

> Mas quando um objeto está a uma distância tão curta, que o intervalo entre os olhos não mantém nenhuma proporção sensível com ela, a opinião dos homens especulativos é que os dois eixos ópticos [...], que coincidem no objeto formam um ângulo, por meio do qual, conforme seja maior ou menor, o objeto é percebido mais perto ou mais afastado.[128]

Tipton sustenta que a objeção de Berkeley não é contra a ótica geométrica em si, mas contra a suposição de que as linhas e ângulos sejam relevantes para a questão de como nós julgamos as coisas situadas à distância. Berkeley insiste que as linhas e ângulos – que não têm existência real na natureza – são apenas uma hipótese alegada pelos matemáticos. Mas os ângulos e as linhas não são eles mesmos percebidos e, portanto, não podem desempenhar nenhum papel na explicação de como nós julgamos a distância. O juízo da distância, segundo Berkeley, vai depender inteiramente da experiência.

A óptica geométrica explicava a percepção da distância a partir da concepção matemática de espaço homogêneo, de nítida inspiração cartesiana. Descartes distingue seis qualidades principais que nós percebemos entre os objetos da visão: "a luz, a cor, a posição, a distância, o tamanho e a forma".[129] Berkeley as reduziria a luz e cor, recusando todas as teorias baseadas na geometria, que podemos agrupar em duas concepções bastante gerais. A primeira, considerando que vemos à distância somente com os dois olhos, consiste em estabelecer uma relação entre a distância e o ângulo formado pelos eixos ópticos: quanto mais agudo é o ângulo, maior será a distância. A segunda concepção supõe que podemos ver a distância apenas com um olho, sendo a amplitude da incidência

---

[128] BERKELEY. An Essay towards a new theory of vision, § 3. *In: Works*.
[129] DESCARTES, René. *La Dioptrique*. Edição, apresentação e notas de F. Alquié. Paris: Garnier, 1963. (Oeuvres Philosophiques). Tomo 1. VI, p. 699-700.

dos raios na pupila que determinará a distância: quanto maior for a divergência com a qual incidem os raios na pupila, menor será a distância; quanto mais paralelos os raios incidem, mais distante o objeto se encontra (chegando até o infinito em caso de paralelismo).

O que Berkeley vai criticar nesses autores, que seguem uma concepção de óptica baseada na geometria, é que eles se enganam quando supõem que as pessoas determinam a distância da maneira como são feitas as operações matemáticas, isto é, tirando conclusões a partir das premissas dadas. Berkeley pensa que nas equações matemáticas existem conexões necessárias entre os termos e relações aparentes que permitem efetuar cálculos para chegar à conclusão. Porém, o que acontece quando alguém faz uma estimativa repentina da distância é algo completamente diferente:

> Não devemos pensar que bestas (*brutes*) e crianças, ou ainda pessoas adultas racionais quando percebem um objeto que se aproxima, ou se distancia deles, o fazem em virtude da geometria e da demonstração.[130]

Berkeley, na sua teoria da visão, destaca algumas "indicações de profundidade" (*depth cues*) – as sensações correspondentes ao movimento giratório dos olhos, a aparência confusa ou nítida do objeto visível, a tensão dos olhos para manter o objeto em foco – que nós aprendemos a associar com a distância. Essas experiências visuais e "cinestésicas" nos permitem fazer uma súbita apreciação – juízos – delas em relação à distância de objetos. A exterioridade é indiretamente (*mediately*) percebida pela vista, como quando ouvimos um som que sugere outra coisa, que sabemos por experiência que é a fonte desse som. Também assim as indicações de profundidade correspondentes à percepção de objetos relativamente próximos sugerem distância. Por outro lado, se não tivéssemos aprendido que, como resultado da experiência, podemos correlacionar sons com outras coisas, não seríamos capazes de admitir que estamos ouvindo coisas como carros, de modo que um homem

---

[130] BERKELEY. NTV, § 24. *In: Works*.

cego de nascença, a quem subitamente se lhe fizesse ver, não teria correlacionado as indicações de profundidade com a distância e veria, no primeiro instante, tudo como se estivesse acima dele. Logo depois, é claro, ele aprenderá a interpretar as indicações de profundidade como "dicas" e, então, como todos nós, ele também sentirá que as coisas que vê estão fora dele e ordenadas em três dimensões. Tipton destaca o valor epistemológico das teses de Berkeley sobre a percepção visual antes de criticá-lo:

> Devemos notar que a Nova Teoria da Visão pode ser vista como um importante estudo na psicologia da visão, e que muito do que Berkeley disse aí tem um valor totalmente independente do fato de sustentar ou não as afirmações filosóficas que pretende. O ataque à noção de que a óptica geométrica era relevante para explicar como percebemos realmente a distância foi decisivo, e ainda que sua própria teoria esteve sujeita à crítica ela teve igualmente uma grande influência no desenvolvimento dos estudos nessa área. Nós, naturalmente, estamos principalmente interessados nas implicações filosóficas que Berkeley deu a sua teoria, e é aí que queremos criticá-la.[131]

Um primeiro ponto, alvo frequente da crítica dos comentadores dirigida à argumentação de Berkeley, é a ambiguidade ocasionada pela oposição entre as expressões *"in the mind"* e *"without the mind"*. Luce não tem problemas com essa terminologia, pois ele defende uma interpretação "oficial", segundo a qual podemos compreender claramente que os objetos sensíveis existem apenas na mente (*in the mind*), o que é uma forma de dizer que eles só podem existir em relação a uma mente percipiente ou quando são percebidos por esta. Nesse caso, a palavra *"without"* na frase *"without the mind"* não carrega implicações espaciais. Entretanto, há comentadores, como Furlong e Armstrong, que destacam outro significado dessa frase. Dizer que as coisas existem apenas na mente, alegando que, por isso, não estão distantes de nós, torna

---

[131] TIPTON, 1988, p. 203.

relevante o problema de saber se as coisas que vemos estão ordenadas em profundidade. Em vista disso, a frase carrega implicações espaciais. Duas coisas devem ser ditas sobre isso. Primeiro que, quando Berkeley escreveu a *Nova Teoria da Visão*, não tinha ainda a pretensão de provar que os objetos percebidos pelo tato poderiam existir "fora da mente". Nessa obra, Berkeley afirma apenas que os objetos percebidos pela vista, isto é, luzes e cores, existem apenas "na mente", de modo que, até esse momento, o autor não se comprometia com o imaterialismo dos *Principles*. Como o problema aqui é a percepção visual da distância, é evidente que as implicações espaciais são irrelevantes no caso da visão. Para compreender melhor este ponto, Tipton chama a atenção para o fato de que nós podemos afirmar que algo existe *"without"* (*sine* – sem) e não por isso precisamos provar que existe *"without"* (*extra* – fora). Todavia, a melhor explicação – com a qual concordamos plenamente – é dada por Luce, para quem Berkeley admite que as coisas podem ser "exteriores" em dois sentidos: primeiro, porque não são geradas a partir do interior, pela própria mente, e sim impressas por um espírito distinto daquele que as percebe; e segundo porque elas podem existir em outra mente que não a minha. Claramente, o fato de que as coisas sejam "exteriores", em algum desses sentidos, não significa que sejam percebidas em uma ordem tridimensional:

> [...] as coisas percebidas pelos sentidos podem ser denominadas exteriores, quanto à sua origem – visto que não são geradas no interior da mente por si mesma, mas impressas por um Espírito distinto daquele que as percebe. Os objetos sensíveis também podem considerar-se 'fora do espírito' (without the mind) em outro sentido, isto é, quando existem em alguma outra mente; portanto, quando fecho meus olhos, as coisas que eu via podem existir mesmo assim, mas só pode ser em outra mente.[132]

---

[132] *Cf.* BERKELEY. Principles, § 90. *In: Works*.

Todavia, alguns comentadores insistem que há uma grande diferença entre provar que a distância não é imediatamente percebida pela vista e mostrar que as coisas que vemos não estão ordenadas em profundidade. Berkeley defende que a visão, por si só, é insuficiente para informar-nos se as coisas que vemos estão ordenadas em três dimensões – entretanto, ele não afirma que as coisas estão ordenadas em duas dimensões. Para Tipton, portanto, tudo o que Berkeley disse nos parágrafos 2-40 pode ser admitido sem suspeitar por um momento que os objetos visíveis não estão tridimensionalmente ordenados, isto é, ordenados em profundidade. Vale lembrar o argumento apresentado por Berkeley para provar que a distância não é imediatamente percebida. Ainda que evidente, parece que daí não decorre que o que nós vemos possa estar, ou não, distante de nós:

> Penso que todos concordam em que a distância, por si mesma e imediatamente, não pode ser vista. Pois sendo a distância uma linha dirigida que termina (*end-wise*) no olho, projeta somente um ponto no fundo do olho, ponto que permanece invariavelmente o mesmo, seja a distância mais longa ou mais curta.[133]

A linha à qual Berkeley está se referindo nessa passagem só pode ser uma linha imaginária, correspondente aos raios de luz. Se assim for, o que Berkeley quer dizer é que, quando os raios de luz de um objeto x causam uma estimulação na retina de um observador, este não poderá determinar a que distância se encontra x baseando-se apenas na tomada de consciência visual – que é o que produz esse estímulo. Pois exatamente o mesmo tipo de estimulação na retina e, portanto, a mesma apresentação visual, poderiam ter sido causados por raios procedentes de objetos situados em um número indefinidamente grande de distâncias diversas do observador.[134]

---

[133] *Id.* NTV, § 2. *In*: Works.
[134] *Cf.* PITCHER, 1983, p. 27.

Todavia, outros comentadores interpretam essa passagem de maneira diferente. Uma delas consiste em mostrar que, quando Berkeley admite que existe uma linha entre o objeto e o olho, estaria assumindo que existe também alguma distância entre nós e aquilo que vemos. Mas, por algum motivo, não podemos ver essa distância. Esta foi a interpretação que Warnock deu às palavras de Berkeley, com o exemplo das duas árvores separadas entre si:

> Consideremos novamente as duas árvores. Dissemos que há uma separação (*gap*) entre elas; eu vejo que há uma separação... Mas eu não posso da mesma maneira "ver a separação" entre quaisquer das duas árvores e eu mesmo... A separação entre eu mesmo e qualquer objeto que eu olhe, poder*íamos dizer que* se trata de uma separação que somente posso observar desde um extremo; e naturalmente desde o extremo final não parece uma separação – não como aquela que eu posso ver entre as duas árvores. É isso que Berkeley quer mostrar.[135]

Merleau-Ponty interpreta o argumento de Berkeley de maneira semelhante, pois reconhece que a profundidade é a largura considerada de perfil, portanto invisível.[136] Mas se Berkeley quer mostrar que o sentido da visão por si só não é suficiente para descobrir que as coisas que vemos estão ordenadas em três dimensões, daí não decorre necessariamente que as coisas não estejam ordenadas de fato em profundidade, porque a hipótese de Berkeley é precisamente que elas estão. E isso levanta outra questão: supondo que as coisas estão ordenadas em profundidade, nós temos que admitir que somente por meio da visão não podemos familiarizar-nos com as distâncias (*gaps*). Portanto, dizer que não vemos imediatamente a distância é pelo menos compatível com a tese de que as coisas que vemos estão situadas a alguma distância. Para provar que as coisas não se encontram, de fato, à distância, deverá ser adotada uma linha independente de argumentação,

---

[135] WARNOCK. *Berkeley*. London: Peregrine, 1969.
[136] MERLEAU-PONTY, 1994, p. 343.

pois, em toda a primeira parte de NTV, Berkeley se permite falar a si mesmo como se os objetos visíveis estivesse aí fora:

> Um objeto situado a uma determinada distância do olho, com o qual a largura da pupila mantivesse uma proporção considerável, ao ser aproximado, seria visto mais confusamente: E quanto mais fosse aproximado, mais confusa sua aparência seria. E ao notar constantemente que isso é assim, surge na mente uma conexão habitual entre os diversos graus de confusão e distância; a maior confusão implica ainda a menor distância, e a menor confusão, a maior distância do objeto.[137]

A ideia aqui é que haveria um objeto visível, que apresenta inicialmente uma aparência nítida e depois confusa à medida que é aproximado do olho. Nada sugere que os objetos visíveis não estejam situados à distância de nós, e tudo o que Berkeley disse em relação aos indícios de profundidade também tem valor na hipótese contrária. Porém, a partir do momento em Berkeley introduz o argumento do cego de nascença, parece que a teoria muda de direção, pois se um homem cego de nascença fosse subitamente dotado de visão, perceberia os objetos como se estivessem na sua mente. Nesse sentido, Berkeley afirma que:

> [...] os objetos percebidos pela vista lhe pareceriam (como são na verdade) não outra coisa que uma nova série de pensamentos ou sensações, sendo cada um deles tão próximos quanto as percepções de dor ou prazer, ou as mais íntimas paixões da sua alma.[138]

Há várias coisas que podemos dizer sobre essa passagem, mas o que sobressai à primeira vista é a frase entre parênteses. O fato de ser cego não constitui um obstáculo para o conhecimento da verdade, pelo contrário, o homem cego de nascença parece estar em melhores condições que nós para apreender a realidade.

---

[137] BERKELEY. NTV, § 21. *In: Works.*
[138] *Ibid.*, § 41.

Todavia, é difícil compreender como os objetos físicos (Sol, Lua etc.) poderiam estar apenas na mente, do mesmo modo que as paixões da nossa alma. Berkeley explica que o cego de nascença não perceberia as coisas que vê como estando fora da mente – situadas à distância, porque isso não é uma percepção imediata, e sim uma construção mental baseada na experiência:

> [...] nosso juízo de objetos percebidos pela vista como estando a alguma distância, ou sem a mente, é inteiramente o efeito da experiência, a qual [o cego de nascença] naquelas circunstâncias não poderia ter alcançado ainda.[139]

Naturalmente, poderíamos pensar que o que está em jogo aqui é que o homem recentemente curado de sua cegueira não se encontra ainda em condições de julgar se as coisas que vê – que de fato se encontram a várias distâncias dele – estão ordenadas dessa maneira. Podemos pensar que aqueles dentre nós que aprenderam a fazer juízos sobre as distâncias dos objetos que vemos também aprenderam a fazer juízos corretos. Mas a frase entre parênteses indica que, para Berkeley, o homem que subitamente adquiriu a visão e acha que o que vê está "tão perto dele quanto as percepções de dor e prazer" está mais perto da verdade que o resto de nós.

2.6 O problema de Molyneux

A questão que se coloca é se Berkeley pensava que o que ele tinha mostrado nos parágrafos anteriores (§ 2-40) era suficiente para justificar a tese de que as coisas que vemos estão ordenadas apenas em duas dimensões. Uma síntese das principais ideias contidas nessa sequência de parágrafos pode ajudar-nos a compreender esse ponto:

> *É fisicamente impossível que a distância por si mesma seja vista (§ 2), como* pode ser visto um objeto. A distância não é percebida por meio de linhas nem

---
[139] *Ibid.*

ângulos (§ 13-15). Outro tipo de mediação deve ser procurada. A distância é sugerida pelo movimento giratório do olho (*'turn of the eye'*), pela aparência confusa e pela contribuição de outras circunstâncias (§ 28). Isso explica o problema que o Dr. Barrow sentiu tão intensamente a ponto de colocar em questão os princípios de óptica, e exigir uma nova teoria da visão (*§ 29-40*). Desta teoria da distância decorre, do ponto de vista de Berkeley, que não somente a cor – o objeto próprio e imediato da visão, mas também a extensão, a figura e o movimento, estão *à* distância alguma da mente, mas tão perto quanto a dor (*§ 41-44*).[140]

Não vamos nos deter a essa passagem, mas é importante apreciar que, se o fenômeno que chamou a atenção do Dr. Barrow modificou completamente a opinião daqueles que pensavam que nós julgamos a distância por meio de linhas e ângulos e confirmou o próprio princípio de Berkeley[141], o princípio confirmado é simplesmente "que o juízo que nós fazemos da distância de um objeto [...] é completamente o resultado da experiência"[142]. A solução para o problema de Barrow não requer nem sugere a tese de que as coisas que vemos estão ordenadas em duas dimensões.

Se isso é correto, a argumentação dos parágrafos § 42-44 pode ser muito importante no sentido de atenuar as diferenças entre a tese de que, para um homem curado de sua cegueira, pareceria que as coisas que ele via não estavam à distância alguma dele e a tese de que as coisas que ele vê não estão de fato ordenadas em profundidade. O argumento decisivo está contido no parágrafo 44:

> Suponhamos, por exemplo, que olhando para a Lua eu deva dizer que ela est*á* a uns cinquenta ou sessenta semidiametros da Terra distante de mim. Vejamos de qual Lua isso *é falado*: É evidente que não pode ser da Lua visível, ou de alguma coisa

---

[140] *Cf.* LUCE, 1934, p. 34-35.
[141] BERKELEY. NTV, § 33. *In: Works*.
[142] *Ibid.*, § 20.

> como a Lua visível, ou daquela que eu vejo, que é apenas um plano redondo, luminoso, de aproximadamente trinta pontos visíveis de diâmetro. Caso eu seja transportado diretamente para a Lua desde o lugar onde estava, é manifesto que o objeto vai variar, *à medida que eu continuo;* e durante o tempo em que avanço os cinquenta ou sessenta semidiametros da Terra, eu vou estar tão longe de encontrar um plano pequeno, redondo e luminoso, que não vou perceber nada como isso; havendo desaparecido há muito tempo esse objeto, se eu o recupero, deve ser voltando para a Terra de onde eu parti. Novamente, suponhamos que eu percebo pela vista a ideia confusa *(faint)* e obscura de algo, que eu não sei se é um homem, uma árvore ou uma torre, mas julgo que está a aproximadamente uma milha de distância. Evidentemente, isso não significa que aquilo que vejo está a uma milha de distância, ou que é a imagem ou semelhança de alguma coisa que está a uma milha de distância, visto que a cada passo que eu dou em sua direção, a aparência se altera, e de seu ser obscuro, pequeno e confuso, torna-se nítido, grande, e vigoroso. E quando chego ao final da milha, não encontro nada semelhante *àquilo que eu via primeiramente bastante perdido.*[143]

Esse argumento é crucial porque estabelece que as coisas que vemos não estão distantes de nós e, ao mesmo tempo, porque nos leva a pensar que os objetos da vista e os objetos do tato são numericamente distintos. Berkeley admite que, nessa primeira obra (*NTV*), permitiu-se cometer o "erro vulgar"[144] de que os objetos tangíveis de fato estão distantes de nós e sustentou que nós descobrimos isso pelo tato – quando nos aproximamos de uma

---

[143] *Ibid.*, § 44.
[144] *Cf.* BERKELEY. *Principles*, § 44. *In*: *Works*: "Que os objetos próprios da vista não existem sem a mente (without mind) nem são as imagens de coisas exteriores já se mostrou nesse tratado [NTV]; embora o contrário se suponha verdadeiro quanto aos objetos tangíveis; não que fosse necessário supor o erro vulgar para estabelecer a noção ali contestada, mas porque estava fora do meu propósito examiná-lo e refutá-lo em um discurso sobre a visão".

coisa para tocá-la. Sua doutrina é de que isso acontece porque a experiência nos ensina que os objetos visíveis (que existem apenas na mente) estão intimamente correlacionados com os objetos tangíveis (fora da mente) dos quais eles são os signos que nos levam a supor (equivocadamente) que as coisas que vemos estão ordenadas em profundidade:

> A fim de tratar correta e inequivocamente da visão, devemos ter em mente, que existem duas classes de objetos apreendidos pela vista, uma primeira e imediatamente, a outra secundariamente e por intervenção da anterior. Aqueles da primeira classe não são, nem parecem existir sem a mente, ou a alguma distância fora dela: podem certamente tornar-se maiores, ou menores, mais confusos, ou mais nítidos, ou mais desbotados (*faint*), mas não podem aproximar-se ou distanciar-se (*recede*) de nós. Sempre que dizemos que um objeto se encontra à distância, sempre que dizemos que ele se aproxima, ou se distancia, devemos sempre referir-nos *à segunda classe*, que pertence propriamente ao tato, e não *é tão verdadeiramente* percebida, mas sugerida pela vista da mesma forma que os pensamentos são sugeridos pelo ouvido.[145]

Segundo Berkeley, Deus ordena as coisas dessa maneira para que nós possamos perceber vários objetos visíveis como se tratasse das aparências de uma mesma coisa. Entretanto, devemos considerar que nós nunca vemos o mesmo objeto visível parecendo diferente se olharmos desde outros pontos de vista, mas apenas aparências que são elas mesmas os objetos visíveis e que são exatamente como elas aparecem. Nesse sentido, a finalidade prática da linguagem nos permite dizer que "vemos" a distância, mas, conforme foi apontado, o que é própria e imediatamente percebido pela visão são apenas luzes e cores. Essa questão não é advertida por Locke, para quem a percepção visual da distância é evidente:

---

[145] BERKELEY. NTV, § 50. *In*: *Works*.

> [...] julgo desnecessário provar que os homens percebem pela visão certa distância entre corpos de cores diferentes, ou entre as partes do mesmo corpo, do mesmo modo que vêem as próprias cores e podem obviamente senti-las no escuro pelo sentido do tato. [146]

O famoso *problema de Molyneux*, citado por Berkeley junto com a resposta de Locke[147] procurando confirmar sua hipótese pode servir-nos para caracterizar a tese da heterogeneidade entre os sentidos da visão e do tato, que está na base da teoria berkeleyana da percepção. A partir dela, o autor poderá formular, posteriormente, o imaterialismo radical na sua obra mais importante: *A treatise concerning the Principles of human knowledge* (1710). O caso de um cego de nascença que, graças a uma cirurgia ou mesmo um milagre, pudesse adquirir de repente o sentido da visão, coloca-nos na situação de uma criança que, progressivamente, adquire a capacidade de enxergar após sucessivas experiências de associação entre os diferentes objetos (percepções). O fato de a criança, no seu primeiro contato com o mundo, levar à boca tudo o que consegue tocar pode ser considerado uma evidência empírica desse processo. A percepção dos sabores e as sensações táteis de calor, aspereza, peso etc. vão consolidando sinais que, com a repetição constante, serão atribuídos posteriormente às cores correspondentes, percebidas pela vista. A exploração do mundo faz com que a criança, de alguma forma, eduque seus contatos com o mundo. Talvez nesse momento a criança não tenha a visão desenvolvida quanto à distância e à profundidade, também chamada de "campo visual". Os dados dos sentidos, organizados por meio das convenções da linguagem, estabelecem padrões e conexões que, reforçados pelo hábito, nos levam a atribuir a existência de objetos materiais exteriores, independentes da nossa percepção – o que não pode ser admitindo por Berkeley:

---

[146] LOCKE, 1894, II, xiii, 2, p. 219.
[147] *Ibid.*, II, ix, 8.

> Suponhamos um homem cego de nascença, e agora adulto, ensinado pelo seu tato a distinguir entre um cubo e uma esfera do mesmo metal e aproximadamente de igual tamanho, de forma que possa dizer, tocando um ou outro, qual é o cubo e qual a esfera. Suponhamos que o cubo e a esfera se encontrem situados sobre uma mesa e que se faça o cego ver. A questão é se pela vista e antes de tocá-los poderia agora distinguir e dizer qual é o globo, qual o cubo. Ao que o agudo e judicioso proponente [Molyneux] responde: Não. Pois, apesar de ter obtido a experiência de como um globo, como um cubo, afeta seu tato, ainda não tinha alcançado a experiência de que o que afeta seu tato de tal e tal forma devia afetar sua vista de tal e tal outra: ou que um ângulo protuberante no cubo que oprimia sua mão desigualmente, deveria aparecer a seu olho como aparecia no cubo. Eu [Locke] concordo com este reflexivo cavalheiro, que tenho orgulho de chamar meu amigo, em sua resposta a este seu problema; e acho que o cego, ao ver pela primeira vez, não seria capaz de dizer com certeza qual era o globo e qual o cubo, baseando-se apenas naquilo que viu neles.[148]

Berkeley enfatiza a resposta negativa de Locke e de Molyneux[149], valendo-se do argumento do cego de nascença com um propósito mais radical, isto é, reforçar a tese da heterogeneidade entre as ideias da visão e do tato e, além disso, provar que todos esses objetos percebidos existem apenas na mente – enquanto ideias – e não em um suposto espaço exterior. Nesse sentido, nos *Diálogos*, Berkeley propõe outro experimento mental mais simples, dessa vez envolvendo a percepção do tato e as sensações de calor e frio. Para tanto, Philonous investiga as propriedades térmicas

---

[148] BERKELEY. NTV, § 132. *In: Works*.

[149] LEIBNIZ, Gottfried. *New Essays on human understanding*. Cambridge: Cambridge University Press, 1996. p. 136. Respondeu pela afirmativa supondo que o cego, na verdade, era capaz de distinguir as ideias visuais do cubo e da esfera em virtude de suas diferentes propriedades de simetria. Para um aprofundamento dessa questão, ver LOWE, Edward Jonathan. *Locke on human understanding*. London: Routledge, 1995. p. 58.

da água. Mais uma vez, a finalidade prática da linguagem autoriza o uso de expressões contraditórias, pois a sensação térmica é imanente ao espírito:

> Supõe agora que uma de tuas mãos está quente, e a outra fria, e ambas são, ao mesmo tempo, submergidas dentro da mesma vasilha de água, em um estado intermediário; não pareceria que a água está fria para uma mão e morna para a outra?[150]

Não podemos aceitar que a água esteja fria e morna ao mesmo tempo, porém podemos evitar essa contradição concordando com Berkeley, visto que o calor e o frio são propriedades que não existem na água e sim em relação à mente que as percebe. Além disso, a propriedade chamada "calor" só pode ser percebida pelo sentido do tato, isto é, pode ser percebida "propriamente" e "diretamente" pelo tato. Não obstante, alguém pode afirmar que está *vendo* um objeto muito quente, pois a linguagem tem uma função prática de comunicar nossos pensamentos a outras pessoas. Contudo, se formos estritamente rigorosos, compreenderemos o que Berkeley quer dizer. Nesse sentido, Pitcher interpreta outro exemplo de Berkeley, que ajuda a elucidar por que a distância, em sentido estrito, só pode ser percebida pelo tato. Suponhamos que uma pessoa vê uma barra de ferro sendo retirada do fogo.[151] A barra de ferro em estado natural é de cor cinza escuro, mas quando é retirada do fogo apresenta uma cor vermelha muito viva, característica de um metal que é exposto a alta temperatura. Por experiência, a pessoa que vê a barra de ferro nessas condições deve concluir que ela está excessivamente quente, mas de fato não pode afirmar que *vê o calor*. O calor pode "sentir-se", mas não pode "ver-se". Uma pessoa também poderia dizer que viu o sino tocando na igreja; viu que o sino estava tocando, mas não viu nem poderia "ver o som", visto que o som só pode ser ouvido. Da mesma forma, diz Berkeley, uma pessoa pode ver que alguma coisa se encontra a uma determinada distância dela, mas não pode "ver a distância".

---

[150] BERKELEY. Dialogues I, p. 178-9. *In: Works.*
[151] *Ibid.*, p. 204.

2.7 As guias de distância

O argumento em favor da heterogeneidade dos sentidos da visão e do tato é um dos pontos mais importantes da teoria da visão de Berkeley. É por meio da intensificação desse argumento que podemos entender a maneira como Berkeley formula a solução para o problema da percepção visual da distância. Uma chave para compreender melhor a resposta de Berkeley está na identificação de algumas sensações que acompanham a percepção visual e que Pitcher chama de "guias de distância": "Chamemos guias de distância àquelas coisas cuja detecção nós permite determinar, [somente] com o olhar, quão distante se encontra um objeto".[152]

As guias de distância são aquelas sensações que temos quando um objeto se aproxima ou se distancia de nós. Como essas sensações são regulares e constantes, nós aprendemos a associá-las com a percepção da distância. Esse processo acontece naturalmente no transcurso da nossa vida, sobretudo no estágio inicial. Sendo um aprendizado quase que inconsciente, não discriminamos as sensações que pertencem a um sentido ou a outro. Simplesmente, vemos coisas a nossa volta e operamos com elas sem questionar se, de fato, as vemos à distância ou se isso envolve outros fatores.

Berkeley vai mostrar que, devido a uma conexão habitual, estabelecemos relações entre algumas ideias experimentadas em nossos olhos e a distância correspondente a cada modificação sensível. Essas ideias experimentadas em nossos olhos não são propriamente visuais, pois Berkeley somente considera visual aquilo que é propriamente percebido pela vista, ou seja, luzes e cores. Por exemplo, quando eu forço meus olhos para focalizar um ponto na ponta do meu nariz – o que se conhece como "ficar vesgo" –, Berkeley diria que a percepção visual de toda essa sensação é a imagem que se produz na retina – uma imagem confusa de tudo o que está na minha frente. A sensação que eu experimento

---

[152] PITCHER, 1983, p. 24. A palavra "somente" foi acrescentada à citação porque denota que as guias de distância não são sensações necessariamente visuais e que, no entanto, permitem avaliar as distâncias sem precisar tocar os objetos cada vez que olhamos para eles.

nos olhos, isto é, uma tensão desconfortável do movimento dos globos oculares em suas respectivas órbitas, não é uma percepção visual, mas uma percepção que hoje nós poderíamos chamar de cinestésica e que Berkeley assimilaria ao tato, pois trata-se de um movimento muscular similar ao que fazemos, por exemplo, quando levantamos um braço e percebemos a tensão muscular. Essa comparação pode parecer pouco familiar, mas é aí que radica a força da argumentação. Berkeley quer mostrar isso quando afirma que existe uma disposição dos olhos reduzindo ou ampliando o espaço entre as pupilas, que ocasiona uma confusão da aparência ou tensão nos olhos:

> Sabemos, por experiência, que quando olhamos com ambos olhos para um objeto que está próximo, na medida em que ele se aproxima ou se distancia de nós, alteramos a disposição de nossos olhos diminuindo ou ampliando o intervalo entre as pupilas. A esta disposição ou giro dos olhos acompanha uma sensação que me parece, nesse caso, ser a que traz à mente a ideia de uma distância maior ou menor.[153]

Essa é a primeira "guia de distância" mencionada por Berkeley. A segunda é o grau de confusão que caracteriza o aspecto das coisas quando se encontram muito perto dos nossos olhos, por exemplo, quando vemos que a imagem está fora de foco. Uma terceira é a sensação de tensão ocular que acompanha o esforço que fazemos para evitar vermos um objeto com aparência confusa ou fora de foco à medida que este se aproxima cada vez mais dos nossos olhos. Berkeley também distingue outras guias de distância, como "o número, o tamanho e o tipo particular das coisas vistas". Por último, Berkeley chama a atenção para o fato de que nós julgamos que os objetos que aparecem na parte mais elevada

---

[153] BERKELEY. NTV, § 16. In: Works: "It is certain by experience, that when we look at a near object with both eyes, according as it approaches, or recedes from us, we alter the disposition of our eyes, by lessening or widening the interval between the pupils. This disposition or turn of the eyes is attended with a sensation, which seems to me to be that which in this case brings the idea of greater or lesser distance into the mind".

do nosso campo visual encontram-se mais distantes que aqueles que ocupam a parte mais baixa.[154]

Naturalmente, ninguém presta muita atenção a esse tipo de sensação, pois parece que todas acontecem de uma só vez no instante em que abrimos os olhos. Entretanto, é conveniente distinguir cada uma delas para acompanhar a argumentação de Berkeley e compreender o processo pelo qual a distância é percebida pela vista. Em consideração a isso, relacionamos as três guias de distância:

1. A sensação que sentimos ao girar os olhos.

2. A confusão da aparência dos objetos.

3. A tensão da vista.

Seguindo a explicação de Berkeley, quando um observador vê um objeto, nesse mesmo instante, capta alguma dessas guias de distância, de modo que sua mente obtém a ideia de que o objeto se encontra a tal ou qual distância. Resta saber agora como é que se dá essa passagem, na mente de um observador, entre a captação de um objeto e as sensações que acompanham essa percepção para a ideia de distância.

Berkeley insiste que esse processo não ocorre por meio de uma dedução necessária, visto que não há nenhuma conexão necessária entre nenhuma dessas sensações (guias de distância) e a ideia de uma distância particular. Não podemos raciocinar *a priori* a respeito dessas conexões; portanto, devemos aprendê-las por meio da experiência. Porém, isso não quer dizer que a passagem mental, que parte das sensações para a ideia de distância do objeto, seja feita por meio de uma operação indutiva a partir de alguns casos particulares de percepção. Normalmente, os observadores não são conscientes de efetuarem tais operações, nem de perceberem linhas ou ângulos. Isso é suficiente para que Berkeley

---
[154] *Cf.* BERKELEY. NTV, § 77. *In*: Works.; PC 302a. *In*: Works.

reconheça que não se trata de um processo dedutivo, pois seria absurdo que o que se passa na mente de alguém seja ignorado pela própria pessoa:

> Eu sei que é uma opinião recebida, que alterando a disposição dos olhos, a mente percebe se o ângulo dos eixos ópticos, ou os ângulos laterais compreendidos pelo intervalo entre os olhos e os eixos ópticos, tornam-se maiores ou menores; e que segundo uma espécie de geometria natural, julga-se que o ponto de sua interseção está mais próximo, ou mais distante. Mas eu estou convencido, pela minha própria experiência, de que isso não é verdadeiro, visto que não sou consciente de usar a percepção dessa forma quando giro meus olhos. E parece-me completamente incompreensível que eu faça esses juízos, e tire essas conclusões, sem saber que eu faço isso.[155]

Se não é por meio de um processo dedutivo consciente, nem graças a uma espécie de geometria natural, como é que obtemos a ideia de distância? Para responder a essa pergunta, Pitcher vai destacar o uso filosófico e psicológico que Berkeley faz do princípio de associação de ideias. Para Berkeley, a experiência nos ensina que uma determinada distância corresponde a cada sensação visual, visto que a sensação e a distância aparecem constantemente unidas na experiência. Desse modo, quando sentimos alguma das guias de distância, nossa mente percebe espontaneamente a ideia de distância, uma vez que a nossa experiência anterior condiciona e predispõe nossa mente a pensar na distância cada vez que temos esse tipo de sensação. A passagem da visão de um objeto para a

---

[155] BERKELEY. NTV, § 19. In: Works.: "I know it is a received opinion, that by altering the disposition of the eyes, the mind perceives whether the angle of the optic axes, or the lateral angles comprehended between the interval of the eyes and the optic axes, are made greater or lesser; and that accordingly by a kind of natural geometry, it judges the point of their intersection to be nearer, or farther off. But that this is not true, I am convinced by my own experience, since I am not conscious, that I make any such use of the perception I have by the turn of my eyes. And for me to make those judgments, and draw those conclusions from it, without knowing that I do so, seems altogether incomprehensible".

ideia de distância deve ser entendida, segundo Pitcher, como uma "reação condicionada". Trata-se de uma resposta habitual à qual nos acostumamos ao longo da experiência. Berkeley vai mostrar que a distância é "sugerida" à mente pelas guias de distância como resultado de nossas experiências anteriores. Nesse sentido, podemos considerar a filosofia de Berkeley um verdadeiro empirismo no qual a experiência opera uma associação entre sensações de diversos sentidos, dando origem à percepção visual da distância:

> Nenhuma delas [sensações] têm, em sua própria natureza, relação ou conexão alguma com a distância, sendo impossível que signifiquem os diversos graus desta, a não ser que pela experiência tenham sido conectadas a eles. [156]

Essa operação é um processo muito rápido. Segundo Berkeley, há uma transição rápida análoga a essa no processo de leitura ou de conversação, pois as palavras sugerem imediatamente os seus significados ao leitor ou à pessoa que está escutando: "quando ouvimos um som, a ideia que o costume tinha associado a ele é imediatamente sugerida ao entendimento".[157] Para Berkeley, portanto, a distância, de fato, não se vê; o que nós percebemos indica apenas a ideia de distância. Mas o que é exatamente essa ideia de distância? Obviamente, Berkeley não dirá que é uma ideia inata, e sim que é uma ideia derivada de alguma outra forma de percepção sensível. Mas Berkeley já tinha afirmado que a distância só pode ser *propriamente* percebida pelo tato. Devemos notar que Berkeley utiliza a palavra "tato" em sentido lato, pois não só diz respeito a tudo aquilo que podemos tocar, mas também à consciência que nós temos dos nossos próprios movimentos corporais. Esse tipo de percepção é chamada hoje de "cinestesia". Mas o que aqui nos interessa é destacar o papel fundamental do conceito de *ação* em

---

[156] BERKELEY. NTV, § 28. In: *Works*: "[...] they have none of them, in their own nature, any relation or connexion with it: Nor is it possible, they should ever signify the various degrees thereof, otherwise than as by experience they have been found to be connected with them".

[157] *Ibid.*, § 17: "Just as upon hearing a certain sound, the idea is immediately suggested to the understanding, which custom had united with it".

relação à percepção visual da distância. Se bem dedicamos algumas páginas ao estudo da correlação entre os sentidos da visão e do tato – privilegiando nessa análise o problema de Molyneux –, não podemos ignorar que a ideia de distância seria incompreensível para um olhar fixo. Nesse sentido, uma pessoa não precisa nascer cega; apenas o fato de permanecer imóvel já seria suficiente para que não possa formar a ideia de distância na sua mente. Em outras palavras, para que haja distância – se podemos falar assim –, é essencial que haja movimento, ou melhor, que um sujeito se movimente de tal modo. Nos *Principles*, Berkeley retoma essa tese, lembrando que já a havia defendido em NTV:

> [...] as ideias da vista, quando apreendemos por meio delas a distância e as coisas situadas à distância, não nos sugerem nem demarcam coisas atualmente existindo à distância, mas apenas nos advertem que as ideias do tato serão impressas em nossas mentes a tais e tais distâncias de tempo, e em conseqüência de tais e tais ações. É evidente [...] que as ideias visíveis são a Linguagem pela qual o Espírito Governante do qual nós dependemos informa-nos que ideias tangíveis vai imprimir em nós, caso nós excitemos este ou aquele movimento em nossos próprios corpos.[158]

No final dessa passagem, Berkeley sugere que Deus imprime em nossa mente ideias tangíveis conforme a ação que nós realizamos e que as ideias visíveis servem para medir nossas ações. Isso significa que, se eu aproximo minha mão do livro visível que está na estante, vou tocar um livro tangível. De fato, a percepção visual do livro é diferente da percepção tátil e eu não posso ter a segunda até o momento que minha mão entra em contato com o objeto. Nesse momento, Deus imprime as ideias do livro tátil

---

[158] BERKELEY. Principles, § 44. In: *Works*: "[...] the ideas of sight, when we apprehend by them distance and things placed at a distance, do not suggest or mark out to us things actually existing at a distance, but only admonish us what ideas of touch will be imprinted in our minds at such and such distances of time, and in consequence of such or such actions. It is, I say, evident [...] that visible ideas are the Language whereby the Governing Spirit on whom we depend informs us what tangible ideas he is about to imprint upon us, in case we excite this or that motion in our own bodies".

(forma, peso, textura, temperatura etc.). Quantas vezes é preciso fazer esse movimento do braço para apreender a distância? Talvez umas quantas, mas, uma vez descoberta essa distância, e levando em conta a percepção das guias de distância, não demoraremos a estabelecer a relação entre a percepção visual do livro e a percepção tátil, da qual decorre a ideia de distância. Quando eu *vejo* o livro (isto é, a luz e todos os matizes de cores), Deus está imprimindo essas ideias na minha mente e, nesse momento, eu sei, por experiência, quais sensações do tato terei se aproximo minha mão e quanto tempo vou demorar para que o meu braço percorra essa *distância*. Desse modo, as guias de distância visual sugerem à pessoa que percebe a possibilidade de realizar certo tipo de movimento corporal e em determinada quantidade (duração). Pitcher apresenta um exemplo para ilustrar essa explicação:

> Suponhamos que uma pessoa se encontra a alguma distância de uma árvore; se caminha desde onde está parada – lugar x – até a árvore, e está consciente durante todo o tempo da índole e da velocidade do seu movimento, até que finalmente toca a árvore, estará percebendo pelo 'tato' a distância entre o 'lugar x' e a árvore.[159]

O exemplo anterior demonstra que, inicialmente, a pessoa não precisa "olhar" para perceber a distância, pois esta é percebida pelo tato. Assim, o cego de Molyneux também poderia perceber as distâncias; o que lhe faltaria é associar a percepção visual – que seria, segundo Berkeley, uma classe de sensações inteiramente nova – às coisas que conhecia anteriormente pelo tato. Nesse sentido, o argumento de um cego de nascença, que tenha a possibilidade de "ver" as coisas, permite imaginar sensações separadas, isto é, o que é próprio de cada sentido.[160] Dessa maneira, podemos separar o que

---

[159] PITCHER, 1983, p. 26.
[160] Aristóteles distingue os sensíveis próprios dos sensíveis comuns: os primeiros são objetos ou qualidades que não podem ser percebidos por mais de um sentido; os sensíveis comuns, como o próprio nome indica, são objetos que podem ser percebidos por dois ou mais sentidos. Para Berkeley, cada sentido percebe um tipo de ideia singular, que não pode ser percebida por outro. Portanto, estaria seguindo a noção aristotélica de sensível próprio (*Cf. supra*, p. 36-38).

vemos daquilo que tocamos e entender porque, para Berkeley, as ideias visíveis são objetos que existem na mente e, portanto, não supõem a existência do espaço exterior:

> Um homem cego de nascença, a quem se lhe fizesse ver, não teria, nesse primeiro instante, ideia da distância pela vista; o sol e as estrelas, os objetos mais remotos como os mais próximos, todos pareceriam estar no seu olho, ou melhor, na sua mente. Os objetos percebidos pela vista lhe pareceriam (como são na verdade) não outra coisa que uma nova série de pensamentos ou sensações, sendo cada um deles tão próximos quanto as percepções de dor ou prazer, ou as mais íntimas paixões da sua alma.[161]

Cabe destacar que Berkeley confirmou sua teoria duas décadas depois, com as descrições de uma pessoa cega desde sua infância, que recuperou a visão por meio de uma intervenção cirúrgica. Se, no momento em que abrisse os olhos, este cego pudesse discernir a distância, o tamanho e a posição dos objetos, então estaria provado que os ângulos óticos, formados de repente em sua retina, são a causa imediata de suas sensações. No entanto, os relatos do Dr. Cheselden acerca de um jovem de mais ou menos catorze anos, ao qual ele mesmo operou de catarata, demonstram o que Berkeley tinha previsto:

> Quando ele viu por primeira vez, estava tão longe de realizar qualquer juízo acerca de distâncias que pensou que todos os objetos tocavam seus olhos (como ele o expressou) da maneira como ele sentia na pele; e pensou que nenhum objeto era tão agradável como esses que eram lisos e regulares, pensou que não poderia formular nenhum juízo sobre sua forma, ou adivinhar o que era que lhe estava agradando nesses objetos. Ele não conhecia a forma de nada, nem distinguia uma coisa de outra, por mais que fossem diferentes em forma

---

[161] BERKELEY. Essay, § 41. In: Works.

> ou tamanho; mas sendo avisado de que coisas se tratava, cujas formas ele conhecia anteriormente pelo tato, observou cuidadosamente que podia conhecê-las novamente; mas havendo tantos objetos para apreender de uma vez, esqueceu a maior parte deles. E (como ele mesmo disse) ao princípio ele aprendeu a conhecer, e novamente esqueceu, um milhar de coisas por dia. Várias semanas depois ele estava deitado, sendo enganado por figuras, perguntando qual era o sentido mentiroso: o tato ou a visão?[162]

Berkeley conclui que o "cego" de Molyneux, uma vez familiarizado com a percepção visual, começaria a estabelecer relações entre as ideias do tato e da vista por meio da experiência e, dessa maneira, poderia antecipar-se à significação sugerida pelo enlace habitual entre as percepções. Na verdade, o argumento do "cego" é um pretexto para mostrar como isso acontece com aqueles que têm o sentido da visão desde o nascimento. A diferença é que o "cego" deverá fazer isso "forçadamente", por dizê-lo de algum modo, ao passo que os outros começam a estabelecer as associações entre ideias da visão e do tato desde o momento que nascem ou, pelo menos, a partir do momento que os órgãos dos sentidos (olhos, sensibilidade da pele) se desenvolvem adequadamente:

> Tendo experimentado durante muito tempo que algumas ideias perceptíveis pelo tato, como a distância, a figura tangível e a solidez, estão vinculadas a certas ideias da vista, ao perceber essas ideias da vista, de imediato, concluo quais ideias tangíveis se seguirão, conforme o caminho ordinário e usual que segue a natureza. Olhando para um objeto percebido, com certo grau de debilidade e outros detalhes, uma figura visível e uma cor particulares, que me fazem pensar, pelo que tenho observado anteriormente, que si avanço tantos

---

[162] BERKELEY. The theory of vision vindicated and explained (1733), § 71. *In: Works.*

passos ou quilômetros, serei afetado por tais ou quais ideias do tato.[163]

Isso nos leva novamente à questão do movimento, pois, para Berkeley, a percepção "cinestésica" estaria incluída em uma forma mais ampla de percepção que envolve o sentido do tato. Daí que a correlação entre os sentidos da visão e do tato se complete com a ação do nosso corpo para construir a ideia de distância. Qualquer pessoa, seja cega de nascença ou não, deverá passar necessariamente por essa experiência para compreender o que é a distância. Nesse sentido, Berkeley afirma que:

> [...] depois de ter percorrido certa distância medida pelo movimento de seu corpo, o que é perceptível pelo tato, chegará a perceber tais e tais ideias do tato, que têm sido relacionadas ordinariamente com tais e tais ideias visíveis.[164]

Essa correlação entre ideias percebidas por diferentes sentidos pode ser encontrada também na linguagem comum. Berkeley utiliza esse argumento – a analogia entre percepção e linguagem – em várias ocasiões, sempre com o propósito de elucidar o fenômeno da percepção visual da distância. Berkeley afirma que a distância é um tipo de *percepção indireta*, isto é, uma ideia que não é diretamente percebida pelos sentidos, mas *sugerida* à mente por meio da associação entre ideias. Na linguagem, encontramos uma associação semelhante, por exemplo, quando concebemos um pensamento sugerido pelo som de uma palavra. De fato, o que é percebido é apenas o som da palavra pelo ouvido. Aplicando a terminologia de Berkeley ao exemplo anterior, temos que o som da palavra constitui uma percepção auditiva direta,

---

[163] *Id*. NTV, § 45. *In: Works.*: "Having of a long time experienced certain ideas, perceivable by touch, as distance, tangible figure, and solidity, to have been connected with certain ideas of sight, I do upon perceiving these ideas of sight, forthwith conclude what tangible ideas are, by the wonted ordinary course of nature, like to follow. Looking at an object I perceive a certain visible figure and colour, with some degree of faintness and other circumstances, which from what I have formerly observed, determine me to think, that if I advance forward so many paces or miles, I shall be affected with such and such ideas of touch".

[164] *Ibid.*, § 45. *In: Works.*

enquanto o pensamento significado pela palavra – a significação – é a percepção indireta:

> Tal como a conexão entre os vários tons e articulações de voz com seus vários significados, o mesmo acontece entre os vários modos de luz e seus respectivos correlatos; ou, em outras palavras, entre as ideias da visão e do tato.[165]

O problema da distância remete a outros dois aspectos envolvidos na percepção visual, a saber, a percepção do tamanho e da posição dos objetos. A mesma argumentação se aplica nesse casos. Quando pensamos que os objetos que vemos têm um tamanho e uma posição definidos, devemos levar em conta que essas qualidades não são inerentes a eles, pois variam constantemente. De fato, as ideias de tamanho e posição só podem ser percebidas pelo tato e em relação a nós e aos nossos movimentos. Cabe lembrar que, segundo Berkeley, a experiência nos ensina a estimar o tamanho e a posição desses objetos táteis, que se modificam visualmente em função da distância. A transição das ideias visíveis para as ideias tangíveis é tão "repentina, súbita e inadvertida", que dificilmente podemos deixar de pensar que estas últimas são, igualmente, objetos da visão. Não obstante, o pensamento de Berkeley a respeito desse ponto é categórico:

> [...] o que nós vemos imediatamente e em sentido próprio são somente luzes e cores em diversas situações e matizes e graus de indeterminação e precisão, confusão e distinção. E todos esses objetos visíveis estão apenas na mente, não sugerindo nada exterior, seja distância ou magnitude, de outra maneira que por conexão habitual, como fazem as palavras com as coisas.[166]

Até aqui, duas coisas importantes merecem ser ponderadas. A primeira concerne à possível objeção que levou Berkeley a

---

[165] *Id.* TVV, § 40. *In*: Works.
[166] *Id.* NTV, § 77. *In*: Works.

incluir nos *Principles* uma referência à *NTV*, ou seja, o problema de saber se realmente existe um "espaço exterior". Em relação a isso, a explicação sobre como percebemos a distância, nas passagens acima discutidas, demonstra que os objetos visíveis são ideias mentais, enquanto que as ideias percebidas por meio do tato parecem estar ordenadas espacialmente. A segunda questão, que decorre naturalmente dessa análise e pretende complementar a nossa interpretação da filosofia de Berkeley, é a questão do movimento. Trataremos desse problema no capítulo seguinte e consideraremos a crítica de Berkeley aos conceitos newtonianos de espaço, tempo e movimento absoluto, que reinaram no universo metafísico e científico do século XVIII.

CAPÍTULO III

TEMPO, ESPAÇO E MOVIMENTO

> *Possa Deus escapar de Newton.*
> (William Blake)[167]

> *Hypotheses non fingo.*
> (Newton)[168]

3.1 Idealismo e mecanicismo

Neste capítulo, pretendemos avaliar de que maneira a filosofia de Berkeley poderia ser aplicada aos problemas que preocupavam os filósofos da sua época. Nesse sentido, percebe-se que o processo realizado por Berkeley – e que nós procuramos caracterizar neste estudo – vai do idealismo em direção ao mundo da experiência, e não ao contrário. Berkeley parte da análise da percepção visual (o problema da distância), radicaliza a teoria da percepção e deriva-a no imaterialismo, baseando-se no argumento da identificação ontológica entre "ser" e "ser percebido". Mas, uma vez estabelecido o núcleo dessa doutrina, resta saber como ela se aplica ao mundo da experiência. Uma forma de compreender essa passagem é mostrar como Berkeley equaciona as concepções de tempo, espaço e movimento, que constituem a estrutura fundamental do mundo percebido pela mente humana e, no limite, a forma com que a realidade aparece para nós. Nesse processo, reconhecemos que Berkeley não abandona a posição idealista que marcava suas

---

[167] BLAKE. *The Marriage of Heaven and Hell*.
[168] "Não invento hipóteses" – *Cf.* NEWTON, Isaac (1687). *Philosophiae naturalis principia mathematica*. Tradução de Pablo Mariconda. São Paulo: Abril Cultural, 1979. (Os Pensadores).

primeiras obras (*NTV* e *Principles*) e que, inclusive, essa posição é intensificada, apesar de em *De motu* o autor usar repetidamente a palavra "corpo". Isso chama a atenção porque todo o esforço de Berkeley foi justamente para mostrar que os chamados "objetos materiais" não são de forma alguma entidades independentes do fato de serem percebidos pela mente. Desse modo, a corporeidade deve ser entendida como uma ideia, visto que a matéria é concebida como um conjunto de percepções.

Em suma, quando Berkeley afirma que o movimento e o espaço dependem da existência dos corpos, não devemos esquecer da identificação entre ideia e objeto sensível, referida no *Capítulo II* como base do imaterialismo. Pois, para Berkeley, não se trata da existência material dos corpos, e sim da existência de "coleções de ideias", às quais nós atribuímos nomes e, assim, passamos a considerar como "corpos". Nesse sentido, o meu próprio corpo também é um conjunto de ideias: cor da pele, temperatura, solidez e textura dos membros, som produzido pela voz e pelos passos, cheiros e assim por diante.

Uma vez esclarecido esse ponto, podemos examinar algumas teses referentes à tentativa de Berkeley de reconciliar as duas classes de movimento de Newton (absoluto e relativo) com a sua doutrina. Vale lembrar que a teoria newtoniana da gravitação admitia os conceitos de espaço, tempo e movimento absoluto, os quais eram totalmente contrários à concepção de natureza de Berkeley. Em *De motu*, Berkeley vai examinar e refutar esses conceitos, substituindo-os por um mundo de realidades passivas (ideias), que deve ser entendido como uma rede de significações criadas por Deus para as mentes humanas. Nessa obra, ainda podemos detectar alguns argumentos em defesa do pensamento concreto – baseados na percepção e na experiência – junto com o eco da crítica às ideias gerais abstratas.

Todavia, a polêmica entre Berkeley e Newton deve ser compreendida à luz das descobertas científicas desencadeadas pelo desenvolvimento das ideias que marcaram o percurso filosófico do século XVII. Nesse quadro, a posição cartesiana assume um papel central, pois Descartes constituiu a principal referência intelectual desse período.

Em primeiro lugar, devemos considerar que a distinção entre espaço relativo e espaço absoluto não é uma doutrina comum a todos os filósofos "mecanicistas" ou "materialistas", mas uma concepção que diz respeito apenas à física newtoniana. Portanto, a crítica de Berkeley não supõe uma argumentação extraordinária ou nunca vista. Pelo contrário, em alguns pontos, coincide – embora não de forma análoga – com alguns dos pensadores que o precederam, denotando uma argumentação familiar. Existem ainda raciocínios que revelam uma certa influência exercida por Berkeley na linha de pensamento instrumentalista, o que demonstra a coragem intelectual do autor e o aspecto positivo de suas ideias "visionárias".

A concepção de um espaço absoluto, isto é, um espaço anterior às coisas, como um recipiente que engloba todos os objetos materiais, não fazia parte dos princípios filosóficos de Descartes nem de Leibniz. Em Descartes[169], por exemplo, não podemos afirmar que haja um espaço vazio: o espaço é um grande corpo – a extensão. Isso significa que, para Descartes, não há diferença lógica entre matéria e espaço e, portanto o movimento é concebido como a mudança do lugar que ocupa um corpo em um determinado momento. Logo, o corpo movido ocasiona um deslocamento de outro corpo – a massa de ar – para poder ocupar o *seu* lugar. O exemplo de um submarino, um peixe ou qualquer outro corpo que se desloque na água serve para ilustrar melhor essa ideia, pois o movimento desse corpo supõe o deslocamento da massa de água que estava, no instante anterior, ocupando o lugar visado pela trajetória do movimento. No plano astronômico, os planetas "empurram" o éter para percorrer sua órbita, ocupando um lugar após o outro à medida que o éter vai cedendo o espaço. Em vista disso, compreende-se que o movimento simples, como caminhar,

---

[169] *Cf.* DESCARTES, René. *Princípios de filosofia*. Lisboa: Edições 70, 1997.

implica a existência de uma pessoa, o chão e o ar – três corpos que variam de posição e dão lugar ao movimento. Portanto, não há espaço absoluto fora dos corpos.

Em relação ao tempo, podemos resumir a concepção cartesiana da seguinte maneira: o tempo é a maneira como a mente humana apreende o movimento; quando o movimento é conservado, o corpo mantém-se unido; se o movimento acaba, o corpo é destruído porque a duração (tempo) acaba. Cabe lembrar da teoria corpuscular, que considerava os corpos como conjuntos de partículas em choque. É o movimento dessas partículas o que está em jogo. Para Descartes, dizer que Deus criou o mundo significa dizer que Deus criou esses corpúsculos e fez com que eles se movessem; portanto, a matéria (extensão) existirá sempre. Porém, os modos ou modificações da matéria são temporários – daí a concepção do tempo como um processo de geração e corrupção constante.

Para Berkeley, no entanto, o tempo é a sequência das ideias na nossa mente. Só que essas ideias, como vimos, podem ser entendidas como corpos – levando em conta a função designativa da linguagem para um conjunto de ideias que se dá na experiência perceptiva. As ideias são criadas por Deus, de sorte que não nascem nem morrem; são arquétipos na mente de Deus que, quando percebidos pela mente humana, tornem-se ideias sensíveis. Elas não deixam de existir quando não são percebidas, mas voltam a ser arquétipos. Isso explica como *o livro que esqueci na minha mesa* continua existindo mesmo que eu não esteja lá para percebê-lo. De fato, o livro não percebido não existe, mas os arquétipos divinos que dão origem a nossas percepções (ideias) nunca deixam de existir, na medida em que existem na mente de Deus. O tempo diz respeito à percepção de ideias, ou seja, à passagem das ideias em nossa mente.

Em outras palavras, e para resumir os parágrafos anteriores, podemos afirmar que, para Descartes, o tempo (duração) está nos corpos. Assim como Descartes e Leibniz, Berkeley não consegue conceber um tempo e um espaço *fora* dos corpos espaço-temporais. A diferença entre eles é que Berkeley vai considerar os corpos enquanto ideias na mente, mas a questão central é que para todos eles não haveria diferença entre a duração *nas coisas* (corpos extensos) e *nas ideias* (também consideradas como corpos, no sentido berkeleyano de que um complexo de percepções constitui um corpo).

A distinção entre duração objetiva (tempo absoluto) e duração subjetiva (tempo relativo) supõe a existência de uma duração externa e, em contrapartida, uma medida dessa duração, mas não são todas as teorias mecanicistas que defendem essa contraposição. Portanto, devemos destacar que a crítica de Berkeley se dirige, sobretudo, a Newton e a Locke, pela concepção de um espaço onde as coisas são colocadas e cujos movimentos são explicados a partir do conceito de força. Nesse sentido, Berkeley aproxima-se do pensamento de Descartes, que atribui a Deus o poder de colocar os corpos em movimento. A força provém de Deus, como um "sopro" que "chacoalha" o mundo, dando origem ao movimento, isto é, à mudança de um corpo de um lugar a outro por meio do contato entre as partes. Não obstante, isso não significa que o movimento possa ser transmitido como uma "onda" de um corpo a outro.

3.2 Algumas considerações sobre o tempo

Na *Introdução* deste livro, comparamos o *disco de Odín* (do conto de Borges) com o mundo de Berkeley, notando que nenhum deles têm um "outro lado" além do lado perceptível. Em contrapartida, muitos filósofos defendem teorias que dão origem a uma duplicação da realidade. Esse era o nosso ponto de partida. Nos capítulos anteriores, procuramos caracterizar a filosofia de Berkeley, percorrendo alguns aspectos vinculados a sua teoria da percepção com o intuito de elucidar os elementos principais do imaterialismo. Contudo, a aplicação dessa filosofia ao mundo da experiência deve dar conta de alguns conceitos que põem à prova as teses de Berkeley sobre a existência independente do mundo exterior à mente. Tal é o caso dos conceitos de tempo, espaço e movimento, que Newton concebe de forma duplicada a partir da relação que se estabelece entre a verdade matemática e o mundo das aparências:

> O tempo absoluto, verdadeiro e matemático flui sempre igual por si mesmo e por sua natureza, sem relação com qualquer coisa externa, chamando--se com outro nome 'duração'; o tempo relativo, aparente e vulgar é certa medida sensível e externa de duração por meio do movimento (seja exata, seja desigual), a qual vulgarmente se usa em vez do tempo verdadeiro, como são a hora, o dia, o mês, o ano.[170]

A argumentação de Berkeley em *De motu* é marcadamente metafísica e consiste, segundo Luce, em converter respectivamente o "corpo e alma" cartesianos em "ideias sensíveis e espírito" berkeleyanos. São estas as categorias conhecíveis: o corpo, que pode ser conhecido pelos sentidos; e a alma, que pode ser conhecida pela consciência. Isso mostra uma sutil diferença entre Berkeley e Descartes, pois os corpos, para Berkeley, podem ser conhecidos por meio das suas qualidades sensíveis, ao passo que a matéria é desconhecida e impossível de conhecer – por isso, Descartes tentou, em vão, provar sua existência.[171] Apesar de combater seus adversários com argumentos metafísicos, Berkeley acusa Newton e Locke de "metafísicos" porque eles pensam de maneira abstrata, atribuindo as causas dos eventos a forças ou poderes ocultos. Desse modo, a realidade é duplicada e torna-se incompreensível para o senso comum. Em vista disso, Berkeley rejeita os conceitos abstratos de tempo, espaço e movimento concebidos por Newton.

Desde suas primeiras obras, Berkeley julgava ininteligível a concepção de tempo e espaço independentes dos fatos e das coisas. Essa concepção supõe que o tempo e o espaço são uma espécie de recipiente onde todos os eventos acontecem. Nos *Principles*, Berkeley dedica apenas dois parágrafos[172] à questão do tempo. No

---

[170] NEWTON, 1979, p. 8, def. VIII (*escolium*).
[171] LUCE. *Works*, v. IV, p. 5.
[172] BERKELEY. Principles, § 97-98. *In*: Works.

entanto, o tratamento dessa questão é análogo e complementar à análise dos problemas do espaço e do movimento, que Berkeley examina mais detalhadamente. Tomados em conjunto, esses três parâmetros – tempo, espaço e movimento – podem contribuir com este estudo para caracterizar a contraposição da visão de mundo de Berkeley (baseada na relação entre percepção e experiência) à visão de mundo de Newton, que leva o mecanicismo até as últimas consequências. O problema da percepção da distância, introduzido no capítulo anterior com base na teoria da visão de Berkeley, esclarece que aquilo que comumente chamamos de "espaço exterior" é apenas uma construção mental. Para Berkeley, o espaço é constituído como uma relação entre ideias, percebidas por sentidos diferentes – tato e visão. Essas ideias, ao aparecerem habitualmente conectadas, são associadas pela experiência e, desse modo, temos a sensação de que as coisas estão ordenadas em profundidade. Porém, não podemos afirmar que o espaço é *propriamente* percebido pela vista, vez que é uma ideia *sugerida* à mente por meio de outras ideias sensíveis.

Por outro lado, Berkeley discute o problema do movimento na obra *De Motu* (1721), cuja leitura é muito pertinente à proposta deste estudo na medida em que o movimento – conforme foi mostrado no *Capítulo I* – era considerado pelos filósofos corpuscularistas (Descartes, Boyle, Newton e Locke) uma das principais qualidades primárias dos objetos. Para eles, era evidente que as qualidades secundárias eram ideias que somente existiam na mente do sujeito que as percebe. Não obstante, a matéria era formada por corpúsculos insensíveis que possuíam qualidades inerentes que estavam nos próprios corpos e eram a causa das ideias que nós tínhamos deles. Essa teoria pretendia justificar a concepção de substância material e permitia explicar o processo perceptivo que dá origem às qualidades secundárias, como as ideias de cor, som, cheiro e gosto. Todavia, Berkeley contesta esse argumento, alegando que o movimento não pode ser abstraído das outras qualidades sensíveis, pois quem pretende separar o movimento daquilo que se move estaria separando "uma coisa de si mesma".[173]

---

[173] BERKELEY. Principles, § 5. *In*: Works.

Mas, se o movimento não diz respeito às qualidades primárias, isto é, aos corpúsculos de matéria que se movimentam de forma imperceptível para dar lugar às nossas percepções, em que consiste exatamente a natureza do movimento e qual é a sua causa?

Nos *Principles*, Berkeley introduz simultaneamente os conceitos de tempo, espaço e movimento de uma maneira que lembra a clássica pergunta de Agostinho nas *Confissões*: "O que é, por conseguinte, o tempo? Se ninguém me perguntar, eu sei; se o quiser explicar a quem me fizer a pergunta, já não sei".[174] A diferença é que Berkeley não admite ter problemas com esse tipo de conceito e apresenta uma resposta com duas alternativas: uma do ponto de vista do senso comum e outra do ponto de vista dos filósofos "metafísicos":

> Tempo, lugar e movimento, em particular ou concreto, são o que todo mundo sabe; mas passando pelas mãos de um metafísico, tornam-se abstratos e sutis demais, para ser apreendidos por homens de senso comum. Peça ao seu criado para encontrá-lo a tal hora, em tal lugar, e ele não ficará deliberando sobre o significado dessas palavras.[175]

Segundo Tipton[176], quando Berkeley diz "as mãos do metafísico", estaria referindo-se a Newton, a quem acusa de ter duplicado os conceitos de tempo, espaço e movimento em "absoluto" e "relativo", ou "matemático" e "vulgar", ou "real" e "aparente". Berkeley pensava que, com essa terminologia, os filósofos estavam afastando a realidade do senso comum, visto que as coisas "reais" não podiam mais ser percebidas na experiência ordinária. A estrutura real do mundo – tempo, espaço e movimento – podia ser explicada por meio de cálculos matemáticos, mas não podia

---

[174] AGOSTINHO, Santo. *Confissões*. São Paulo: Nova Cultural, 1991. (Os Pensadores). Sobre a aproximação entre Berkeley e Santo Agostinho, ver o nosso artigo: ABRAHAM ZUNINO, Pablo Enrique; ZUNINO, Pablo. Diálogo entre bispos: percepção, tempo e música em Berkeley e Agostinho. *In*: ENCONTRO NACIONAL DE PESQUISADORES EM FILOSOFIA DA MÚSICA, 1, 2006, São Paulo. *Anais do Encontro Nacional de Pesquisadores em Filosofia da Música*. São Paulo: USP, 2005.

[175] BERKELEY. Principles, § 97. *In*: Works.

[176] *Cf*. TIPTON, 1988, p. 273-277.

ser percebida diretamente. Esse ponto de vista, segundo Berkeley, deixa-nos perdidos em dificuldades inextricáveis. Berkeley pensava que os conceitos newtonianos de tempo, espaço e movimento absolutos eram *ideias abstratas*, o que fortalecia sua crítica a Locke.

Uma das dificuldades apontada por Berkeley surge quando aceitamos a concepção abstrata de "duração" enquanto fluxo contínuo e uniforme, infinitamente divisível. Nesse sentido, a expressão "mãos de metafísico" também se aplica Locke, em virtude da sua teoria da abstração. Locke distingue a duração em si mesma e a medida que nós julgamos dela:

> A duração, em si mesma, deve ser considerada como um curso contínuo, uniforme, constante e igual; mas nenhuma das medidas que nós obtemos a partir dela pode ser entendida dessa forma. [177]

Desse modo, Locke concebe um tempo objetivo, isto é, a duração em si mesma, ao passo que, na visão de Berkeley o tempo é totalmente subjetivo ou, como aponta Johnston, o tempo de cada homem é privado (*private*).[178] Tipton reformula a noção berkeleyana de tempo da seguinte maneira: "para mim, o tempo é a sucessão de ideias em minha mente, enquanto para ti é a sucessão de ideias em tua mente".[179]

Na interpretação de Berkeley, a concepção de uma duração infinitamente divisível implica que poderiam existir inúmeros períodos de tempo sem que houvesse pensamento, ou que o pensamento poderia ser aniquilado em qualquer momento da vida. Essa concepção é contrária à noção de Berkeley de que as ideias não podem existir sem serem percebidas. Portanto, como poderia existir alguma coisa sem que seja pensada por alguém? O que significa a passagem do tempo sem nenhuma sucessão de ideias? A concepção subjetivista do tempo, defendida por Berkeley, tem algumas consequências singulares. Uma delas é admitir como

---

[177] LOCKE, 1894, II, xiv, p. 21.
[178] TIPTON, 1988, p. 273.
[179] *Ibid.*

real a sensação de que o tempo passa devagar quando estamos entediados e passa mais rápido quando estamos absortos naquilo que estamos fazendo.

Apesar de a crítica de Berkeley a esse respeito – a percepção do tempo – não estar bem desenvolvida, é evidente que ele não admite a existência do tempo separada do pensamento; e, se alguém o fizesse, a noção de tempo resultante seria considerada por Berkeley uma *ideia geral abstrata*. Do exposto anteriormente, segue-se que, se julgarmos o tempo do ponto de vista do senso comum, isto é, como uma convenção prática que serve para organizar a nossa percepção sensível em horas, minutos, meses, anos e assim por diante, não teremos grandes problemas em utilizar essa palavra. Porém, se abstrairmos o tempo da sucessão de ideias em nossa mente, com o propósito de distinguir uma entidade independente e absoluta, teremos que conceber a existência da mente separada dos seus próprios pensamentos:

> Não sendo o tempo outra coisa, abstraído da sucessão de ideias em nossas mentes, segue-se que a duração de um espírito finito deve ser estimada pelo número de ideias ou ações que se sucedem umas às outras nesse mesmo espírito ou mente. Consequentemente, a alma pensa sempre e, na verdade, quem queira dividir esses pensamentos, ou abstrair a existência de um espírito da sua cogitação, me parece, não encontrará uma tarefa fácil.[180]

Outra dificuldade levantada por Berkeley em relação à duração é que, se avaliarmos a duração como uma coisa distinta da sucessão de ideias na mente, poderemos pensar que existe um tempo transcorrendo, enquanto não somos conscientes de nenhuma sucessão. Berkeley apresenta uma variante do argumento do sonho, mas, nesse caso, o argumento não parece ser muito convincente. Quando Berkeley disse que os objetos sensíveis existem apenas na mente, utilizou o argumento do sonho para mostrar que as coisas que parecem exteriores quando estamos acordados

---

[180] BERKELEY. Principles, § 98. *In: Works.*

também parecem exteriores quando estamos sonhando e, no entanto, admitimos que não é assim que acontece, pois, quando acordamos do sonho, percebemos que nenhum desses objetos existia de fato fora da mente.

Mas é muito diferente dizer que, quando estamos dormindo profundamente, não há sucessão de ideias na nossa mente e, portanto, não poderia transcorrer o tempo, apesar de o tempo do relógio continuar passando. O fato de se estar sonhando implica alguma sucessão de ideias, mesmo que não sejam as ideias "atualmente impressas nos sentidos" por Deus. Em todo caso, se estou imaginando ou lembrando de qualquer coisa, há uma sucessão de ideias na minha mente.

Talvez Berkeley pense o "argumento do homem dormido" de outra maneira. Suponhamos que alguém esteja dormindo profundamente sem ter nenhum sonho. Nesse caso, não haveria sucessão de ideias e o tempo só poderia transcorrer na mente de uma outra pessoa, que percebe aquele que dorme profundamente. Não temos certeza de que exista a possibilidade de dormir sem ter nenhuma ideia. Em última instância, a única forma de não ter ideias na mente parece ser a morte. Nesse sentido, Berkeley afirma que o tempo existe somente enquanto há uma sucessão ideias. Caso contrário, não há como referir-se ao tempo. Para Berkeley, a realidade não pode ter uma forma distinta daquela pela qual é percebida. Portanto, o tempo não continua passando quando não estamos conscientes, pois a "sucessão de ideias em nossa mente" significa uma sucessão de eventos pensados, desejados e sentidos, e não apenas de eventos mentais: "Não há intervalos destruídos pela morte ou por aniquilação. Esses intervalos não são nada. O tempo de cada pessoa é medido para ela por suas próprias ideias".[181]

---

[181] BERKELEY. Philosophical Commentaries, p. 590. *In: Works*: "No broken intervals of death or annihilation. Those intervals are nothing. Each person's time being measured to him by his own ideas".

3.3 Do movimento – a crítica de Berkeley a Newton

No primeiro capítulo deste livro, introduzimos duas teses de Locke amplamente criticadas por Berkeley: a distinção entre qualidades primárias e secundárias e a concepção de ideias gerais abstratas. O segundo capítulo examina a teoria da percepção de Berkeley, que admite apenas duas modalidades de ser: espírito e ideia, de modo que a matéria é considerada como conjunto de ideias percebidas no espírito. Esse capítulo também aprofunda a resposta de Berkeley a uma possível objeção dirigida a essa teoria: se o mundo exterior existe apenas na mente, como podemos ver coisas distantes, isto é, como podemos perceber a distância e as relações espaciais? A tese da heterogeneidade das ideias visuais e táteis, apoiada no problema de Molyneux, mostra que a distância e o espaço não são percebidos pela vista, e sim sugeridos à mente pela experiência. Nas duas primeiras partes deste capítulo, introduzimos brevemente alguns aspectos da física cartesiana, contrastando-a com a física newtoniana, e apresentamos algumas considerações sobre a questão do tempo – acentuando a contraposição entre tempo subjetivo e tempo absoluto. Berkeley critica este último porque, segundo ele, trata-se de um conceito concebido a partir de uma abstração ilegítima.

Esta parte do livro pretende retomar a crítica de Berkeley à distinção entre qualidades primárias e secundárias e a crítica à ideia geral abstrata, analisando um caso concreto: o movimento. O movimento, considerado por Locke uma das qualidades primárias mais evidentes e, por Newton, o terceiro componente da estrutura fundamental do universo (os outros dois – espaço e tempo – de certa forma, foram discutidos nas páginas anteriores), para Berkeley, não pode ser uma qualidade imperceptível que existe em si mesma; portanto, deve ser uma ideia geral abstrata formada pelo espírito:

> [...] abstraindo o movimento não só do corpo móvel, mas da trajetória e de toda velocidade ou direção particular, forma a ideia abstrata de

> movimento, correspondente a qualquer espécie de movimento particular sensível.[182]

Tempo, espaço e movimento, abstraídos da percepção de ideias particulares, são, para Berkeley, ideias gerais abstratas tais como a extensão, a matéria e todas aquelas ideias que não correspondem a nenhuma ideia particular, mas a um conjunto de ideias comuns, formado a partir de uma abstração ilegítima:

> [...] quando tentamos abstrair a extensão e o movimento de outras qualidades, e considerá-los em si mesmos, perdemo-los de vista e caímos em grandes extravagâncias. As quais dependem de abstração dupla: primeiro, supõe-se que a extensão, por exemplo, pode ser abstraída de todas as outras qualidades sensíveis; e segundo, que a entidade da extensão pode abstrair-se de ser percebida. Mas quem reflita, e tome cuidado para entender o que diz, compreenderá, se não me equivoco, que todas as qualidades sensíveis são igualmente sensações e igualmente reais; onde está a extensão, também há a cor, isto é, na sua mente.[183]

O argumento de Berkeley contra a distinção entre qualidades primárias e secundárias consiste em mostrar que, do ponto de vista ontológico, essa distinção não se sustenta, visto que as primeiras não podem existir *separadamente* das outras qualidades sensíveis (cor, cheiro etc.), que existem apenas no espírito. Portanto, todas as qualidades, sejam primárias ou secundárias, só podem existir quando percebidas pela mente. Para Locke, não obstante, somente as primeiras (figura, movimento etc.) constituem as propriedades reais dos objetos físicos. Por conseguinte, a ciência estaria operando com o mundo *como ele é em si mesmo*. Ora, se o mundo objetivo é incolor, inodoro e insípido, é possível que se trate de uma abstração ininteligível do mundo da experiência humana:

---

[182] BERKELEY. Principles, Introdução, § 8. *In: Works*.
[183] *Ibid.*, § 99.

> Que alguém reflita e veja se pode abstrair e conceber a extensão e movimento de um corpo sem todas as outras qualidades sensíveis. Por mim, não consigo formar ideia de um corpo móvel e extenso sem dar-lhe alguma cor ou outra qualidade sensível das que se reconhece existirem só no espírito. Em resumo, extensão, figura, movimento são inconcebíveis separadas das outras qualidades. Onde existam portanto as outras qualidades sensíveis, essas devem existir também, isto é, no espírito e em nenhuma outra parte.[184]

Dessa maneira, pensa Berkeley, a filosofia natural começa a distanciar-se do senso comum, abrindo um espaço onde o cético triunfa. Apesar de não obter um conhecimento mais exato da causa eficiente das obras da natureza – que, para Berkeley, só pode ser a vontade de um espírito –, a filosofia natural consegue explicar efeitos particulares por meio de regras gerais, baseadas na analogia e uniformidade dos efeitos naturais, o que lhe permite formular hipóteses e predizer o futuro:

> A melhor chave para a [...] ciência natural será fácil reconhecê-la em um célebre tratado de mecânica, justamente admirado. No começo, tempo, espaço e movimento distinguem-se em absoluto e relativo, verdadeiro e aparente, matemático e vulgar, distinção largamente explicada pelo autor, que supõe a existência destas quantidades fora do espírito, e ordinariamente concebidas em relação com os objetos sensíveis, embora na sua natureza própria não tenham com eles relação alguma.[185]

Berkeley dedica uma parte dos *Principles* (§ 101-117) à filosofia natural e discute a física newtoniana, concluindo que a principal vantagem de rejeitar a ideia de espaço puro (ou absoluto) – exclusivo de todos os corpos – é que nos livramos do perigoso dilema de pensar que o espaço real é Deus, ou que existe algo além de Deus

---

[184] *Ibid.*, § 10.
[185] *Ibid.*, § 110.

que seja eterno, incriado, infinito, indivisível e imutável. Ambas as alternativas são consideradas por Berkeley como "perniciosas e absurdas".[186] Todavia, as preocupações de Berkeley com a filosofia natural não param por aí. Em resposta à oferta de um prêmio para um ensaio sobre a causa do movimento, Berkeley enviou um texto à *Academia de Ciências de Paris*, que – apesar de não ganhar o prêmio – foi publicado em latim como *De Motu* (1721). O subtítulo foi traduzido como "O princípio e a natureza do movimento e a causa da comunicação dos movimentos".[187] Cabe destacar que, para publicar uma crítica dos fundamentos dos *Principia* de Newton, na Inglaterra de começo do século XVIII, Berkeley deveria ter uma formidável coragem intelectual, o que caracteriza por si só o grande mérito do autor.

As descobertas astronômicas dos séculos anteriores ainda estavam em efervescência: o sistema heliocêntrico proposto por Copérnico e confirmado matematicamente por Galileu; a observação do universo proporcionada pelo telescópio inventado por ele; a demonstração de Kepler de que as órbitas dos planetas em torno do Sol são elípticas. Todos esses descobrimentos devem ter apavorado as mentes humanas da época. Pascal, por exemplo, manifestou seu assombro pelos "espaços infinitos", afirmando que "o universo é uma esfera infinita na qual o centro está em toda parte e a circunferência em lugar nenhum".[188]

O desenvolvimento astronômico acelerado exigia uma nova física que explicasse os fenômenos observados, o que promoveu uma verdadeira revolução científica e filosófica durante o século XVII. Alexandre Koyré caracteriza esse período como a passagem *do mundo fechado ao universo infinito* no seu livro homônimo, indicando três grandes acontecimentos que marcaram esse período: a ideia de infinito; a geometrização do espaço (espaço homogêneo); e o surgimento da física moderna (a mecânica). O *Capítulo X* dessa

---

[186] Ibid., § 117.
[187] BERKELEY, George; LUCE, Arthur Aston (ed.); JESSOP, Thomas Edmund (ed). *The Works of George Berkeley Bishop of Cloyne*. Nendeln, Liechtenstein: Kraus Reprint, 1979. 9 v. v. 4, p. 31-52.
[188] PASCAL, Blaise. *Pensées*. Tradução de William Finlayson Trotter. London: [s. n.], 1931. p. 16.

obra repara a reação de Berkeley à leitura dos *Philosophiae Naturalis Principia Mathematica*, de Newton. Berkeley questiona se é concebível um espaço por princípio *não percebido nem perceptível*. Koyré sugere que a crítica de Berkeley pode ter levado Newton a admitir que o espaço absoluto depende, em última instância, de Deus:

> O ataque de Berkeley [parece] ter sido motivo, ou pelo menos um dos motivos [...] que induziu Newton a acrescentar na segunda edição de seus Principia o famoso Scholium Geral que expressa tão vigorosamente as concepções religiosas que coroam e esteiam sua construção empírico-matemática e assim revelam a verdadeiro significado de seu método 'filosófico'. Parece-me provável que Newton desejasse dissociar-se dos aliados um tanto comprometedores a que Berkeley fazia alusão [Henry More e Joseph Raphson] e, expondo suas teses à sua própria maneira, demonstrar [...] que a filosofia natural, isto é, sua filosofia natural, não leva necessariamente à negação, e sim à afirmação da existência de Deus e de sua ação no mundo. Ao mesmo tempo, é obvio que ele não quer desmentir nem rejeitar esses aliados; e a despeito da advertência de Berkeley, ele afirma não só a existência do espaço e do tempo absoluto como também sua necessária conexão com Deus. [189]

Como compreender a teoria berkeleyana da percepção face aos descobrimentos da física moderna? Nesse sentido, o problema do movimento é uma questão central, visto que esse é um momento propício para considerar novos modos de ver as coisas – outros modelos de racionalidade – visando superar a crise de percepção. O sonho de Descartes (o *universo-relógio*) seria realizado por Newton, quem conseguiria explicar todos os fenômenos observados. A noção de mundo como um ser vivo – organismo – desapareceu, pois uma teoria da realidade passou a explicar os fenômenos físicos pelo movimento das partículas, cuja causa era a gravidade. Essa

---

[189] KOYRÉ, Alexandre. *Do mundo fechado ao universo infinito*. Rio de Janeiro: Forense-Universitária, 1986. p. 209-210.

visão mecanicista, aliada à invenção de instrumentos de precisão cada vez mais poderosos, levou a ciência moderna a distanciar-se do mundo da experiência e do senso comum. Os homens de ciência começam a admirar-se, por exemplo, com o "novo mundo" revelado pelo microscópio. Berkeley, no entanto, reivindica a capacidade de previsão da percepção humana, pois as associações entre ideias de diferentes sentidos permitem estabelecer conexões práticas para nossa vida:

> [...] os objetos percebidos a olho nu têm uma conexão com os objetos tang*íveis*, pela qual nós somos ensinados a prever o que se seguirá após uma aproximação ou aplicação de objetos distantes às partes de nosso próprio corpo, o que favorece muito sua preservação; *não* há uma conexão semelhante entre as coisas tang*íveis* e aqueles objetos visíveis que são percebidos com ajuda de um microscópio preciso.[190]

Embora o desenvolvimento da física moderna tenha permitido observar os fenômenos com um olhar cada vez mais "aguçado", as respostas para o problema formulado por Berkeley – a existência de um mundo material exterior à mente – ainda conservam uma margem de incerteza. Afinal, o que é a matéria? Grosso modo, poderíamos dizer que são átomos movimentando-se em vastas regiões do espaço vazio. Mas, a partir do descobrimento desses conceitos – que não podem ser visualizados nem percebidos por meio dos sentidos –, somos levados a pensar que a concepção física da matéria não tem nada a ver com o mundo que nós percebemos – o mundo da experiência e do senso comum. Não posso negar que a parede é sólida, pois, se eu me aproximo e empurro com as mãos a sua superfície, poderei constatar que há um "corpo material distinto do meu" que impede o meu movimento livre nessa direção. Não obstante, vimos que Berkeley chama isso de "percepção tátil" ou ideia percebida pelo tato. Não se trata apenas da sensação que experimento nas mãos (temperatura e textura da parede), mas

---

[190] BERKELEY. An Essay towards a new theory of vision, § 85. *In: Works.*

também da sensação muscular nos braços e da percepção cinestésica – o movimento do meu corpo. Isso é fundamental para que eu possa dizer que há uma parede na minha frente. Porém, do ponto de vista da teoria física, a parede é *outra coisa*. A olho nu, eu diria que é branca – e tanto Berkeley quanto o senso comum estariam de acordo – mas se alguém analisa microscopicamente a parede, dirá que não tem nenhuma cor e que as sensações que eu tive eram, na verdade, corpúsculos em movimento. Mas será que esses corpúsculos poderiam existir, mesmo que ninguém os estivesse observando através do microscópio? Percebe-se que a questão continua a mesma. Do ponto de vista físico, podemos dividir a matéria em partes cada vez menores, invisíveis e teoricamente indivisíveis. No limite, podemos desintegrar a matéria em conceitos matemáticos (elétrons, nêutrons, prótons, *quarks*), mas será que tudo isso tem existência independente? Ou será que o conhecimento teórico do homem fez com que ele atribuísse materialidade às conexões entre conceitos abstratos? Dizer que há um objeto constituído por partículas, átomos etc., é uma forma de referir-nos ao nosso próprio conhecimento, que pode ser adquirido por meio dos sentidos ou teoricamente. Mas não é isso o que Berkeley estava fazendo? Berkeley disse que o objeto do conhecimento humano é constituído por ideias e que nós podemos construir mentalmente relações entre ideias, abstraindo-as do seu conteúdo empírico. Desse modo, são concebidas as ideias gerais abstratas. Metaforicamente, podemos nomear essas ideias. Tal é o caso do nome "matéria", que se refere a um conjunto de ideias sem referência empírica.

 Retomemos brevemente a teoria da percepção de Berkeley. Os espíritos percebem objetos sensíveis (ideias); a associação entre algumas ideias percebidas pela vista com outras ideias percebidas pelo tato sugerem à mente a ideia de distância ou espaço exterior; a sucessão de ideias na mente constitui o tempo. Certamente, essa teoria estabelece uma relação de dependência entre espírito e ideia e uma conexão entre as ideias dos diferentes sentidos, que se assemelha à explicação anterior – conexões entre conceitos. A diferença é que a física pode demonstrar matematicamente suas teses, ao passo que Berkeley deve conformar-se com a observação da natureza no curso ordinário da experiência. Nesse sentido, a teoria de Berkeley constitui uma explicação do mundo, mais próxima e acessível ao senso comum. Além disso, essa teoria supõe – no plano metafísico – a presença imediata de um *Espírito ou Mente Universal* que cria as ideias na mente humana de forma ordenada. Entretanto, esse aspecto metafísico será examinado mais adiante.

Berkeley teve ainda uma certa influência na filosofia da ciência do final do século XIX, visto que defendia uma interpretação metodológica da física – *instrumentalismo* – que foi reconhecida pelo físico Mach. Berkeley – como Leibniz – defendeu a concepção de espaço relativo, opondo-se ao absolutismo de Newton. Nesse sentido, Popper observa que os argumentos de Mach são semelhantes aos de Berkeley, em termos da crítica aos conceitos de tempo, espaço e movimento absolutos:

> [...] o que é talvez mais impressionante é que Berkeley e Mach, ambos grandes admiradores de Newton, criticam as ideias de tempo absoluto, espaço absoluto, e movimento absoluto, em linhas muito similares. A crítica de Mach, exatamente como a de Berkeley, culmina na sugestão de que os argumentos de Newton em favor do espaço absoluto (o pêndulo de Foucault, o vaso de *água girando, o efeito das forças centrífugas sobre a forma da terra*) falham porque esses movimentos são relativos ao sistema das estrelas fixas.[191]

Berkeley comenta alguns desses experimentos de Newton no ensaio *De motu*, que vamos examinar a seguir, mas o que interessa agora é notar que Berkeley antecipa a solução de Mach quando afirma que o espaço absoluto não existe, pois, em última instân-

---

[191] POPPER, Karl. A note on Berkeley as precursor of Mach. In: Crombie, Alistair Cameron (ed.). *George Berkeley bicentenary*. New York, London: Garland, 1988. p. 32-33: "What is perhaps most striking is that Berkeley and Mach, both great admirers of Newton, criticise the ideas of absolute time, absolute space, and absolute motion, on very similar lines. Mach's criticism, exactly like Berkeley's, culminates in the suggestion that Newton's arguments in favour of his absolute space (Foucault's pendulum, the rotating bucket of water, the effect of centrifugal forces upon the shape of the earth) fail because these movements are relative to the system of the fixed stars".

cia, sempre haverá um ponto de referência fixo do qual depende o espaço relativo: "seria suficiente admitir, em vez do espaço absoluto, o espaço relativo confinado pelos céus das estrelas fixas, considerados em repouso".[192] Tendo em vista a argumentação comum a Berkeley e a Mach, Popper menciona duas passagens, uma do próprio Mach e outra de Einstein, que acentuam a originalidade e a atualidade do pensamento de Berkeley. A primeira passagem é um comentário de Mach sobre a recepção da sua crítica do movimento absoluto, publicada na obra *The science of mechanics*:

> Trinta anos atrás, a opinião de que a noção de movimento absoluto *é insignificante, sem nenhum conteúdo* empírico e cientificamente inútil, era geralmente considerada muito estranha. Hoje, esse ponto de vista *é defendido* por muitos e por investigadores de renome.[193]

Ao comentar a segunda passagem, Popper admira a generosidade das palavras que Einstein dedicou a Mach em seu elogio fúnebre e sugere ainda que "da luz brilhante que incide sobre Mach, algum reflexo deveria chegar até Berkeley"[194]:

> Não é improvável que Mach tivesse encontrado a Teoria da Relatividade se, na época em que sua mente ainda era jovem, o problema da constância da velocidade da luz tivesse agitado os físicos.[195]

Einstein demonstra que o espaço e o tempo são realidades dependentes de um referencial – um instrumento de medida – que

---

[192] BERKELEY. De motu, §64, p. 49. *In*: *Works*: "it would be enough to bring in, instead of absolute space, relative space as confined to the heavens of the fixed stars, considered as at rest".

[193] MACH, Ernst. The science of mechanics. Lasalle, Illinois: Open Court Publishing, 1942. II, 6, §11: "Thirty years ago, the view that the notion of 'absolute motion' is meaningless, without any empirical content, and scientifically without use, was generally felt to be very strange. Today, this view is upheld by many and by well-known investigators" – *Cf*. POPPER. *Ibid*.

[194] POPPER, *Ibid.*, p. 32-33: "Of the bright light it throws upon Mach, some reflection must fall upon Berkeley's".

[195] EINSTEIN, Albert. *Nachruf auf Mach*. *Physikalische Zeitschr.*, 1916: "It is not improbable that Mach would have found the Theory of Relativity if, at a time when his mind was still young, the problem of the constancy of velocity of light had agitated the physicists" – *Cf*. POPPER. *Ibid*.

pode ser uma máquina fotográfica ou um relógio, e não necessariamente um observador – um sujeito. Nesse sentido, as estrelas fixas que sustentam o argumento de Mach – e de Berkeley – funcionam como um referencial que lhes permite relativizar o espaço. Para Newton, ao contrário, haveria um espaço absoluto, isto é, um espaço sem qualquer referencial:

> Newton previne-os para não confundirmos o espaço absoluto – o verdadeiro espaço matemático – com o espaço da nossa experiência dos sentidos. A gente vulgar, diz ele, pensa em espaço, tempo, movimento de acordo com um único princípio: o das relações destes conceitos com os objetos sensíveis. Porém, deveremos abandonar este princípio, se desejarmos atingir qualquer verdade realmente científica [...]. Berkeley concentrou todos os ataques da sua crítica neste ponto. Sustentou que o 'verdadeiro espaço matemático' de Newton, não era de fato mais que um espaço imaginário, uma ficção do espírito humano. E se aceitarmos os princípios gerais da teoria do conhecimento de Berkeley muito dificilmente poderemos refutar esta opinião. Teremos de aceitar que o espaço abstrato não tem contrapartida e fundamento em qualquer realidade física ou psicológica. Os pontos e as linhas do geômetra não são objetos nem físicos nem psicológicos; são apenas símbolos para relações abstratas. Se atribuirmos verdade a estas relações, então o sentido do termo 'verdade' exigirá, por isso, redefinição. Pois, no caso do espaço abstrato, ocupamo-nos, não da verdade das coisas, mas da verdade das proposições e juízos.[196]

Parece que a "verdade" proporcionada pela geometria e pela matemática, baseada na abstração, pretende superar a verdade aceita pelo senso comum, baseada na experiência sensível. A precisão dos cálculos matemáticos afasta-se da concepção psicológica da verdade, distinguindo o mundo abstrato do mundo concreto.

---
[196] CASSIRER, Ernst. *Ensaio sobre o Homem*. Lisboa: Guimarães Editores, 1995. p. 48.

Berkeley intervém em favor do senso comum, pois, para ele, aquilo que é percebido é real. Portanto, ele pensa que o mundo da experiência é verdadeiro, ao passo que as abstrações matemáticas são ficções metodológicas que não correspondem à realidade. Mas isso não quer dizer que não sirvam para explicar os fenômenos observados na natureza. Cassirer salienta que a crítica de Berkeley aos conceitos newtonianos de espaço, tempo e movimento absoluto representa uma contribuição para o desenvolvimento posterior do problema, que leva a um ajuste das teorias e à possibilidade de soluções futuras:

> Ainda que Berkeley *não* penetre aqui certamente nos profundos motivos racionais dos conceitos newtonianos, sem dúvida formula novamente [...] um problema filosófico geral que ter*á* que aguardar de agora em diante a ser resolvido pela mecânica científica. O desenvolvimento da teoria de Newton obtido entre seus discípulos, principalmente no mais destacado deles, Leonhard Euler, mantém certa relação tácita com as obje*ções* de Berkeley e é assim, gra*ças* a esta antítese, como atinge a sua madureza e alcan*ça* sua seguridade.[197]

Todas essas considerações anteriores, apesar de serem bastante gerais, merecem um pouco de nossa atenção, não porque sejam essenciais para compreender em detalhe algum argumento, mas porque exprimem diferentes pontos de vista sobre a temática geral e sobre o autor que estamos estudando, de modo a situar o problema do movimento e a crítica de Berkeley a Newton no contexto mais amplo da história da filosofia. Não obstante, o nosso trabalho exige um grau de aprofundamento maior e, por conseguinte, procederemos agora a uma análise mais detalhada do texto

---

[197] CASSIRER, Ernst. *El problema del conocimiento II*. México: Fondo De Cultura Económica, 1956. VI, ii, p. 400: "Aunque Berkeley no penetre aquí ciertamente en los profundos motivos racionales de los conceptos newtonianos, no cabe duda de que vuelve a plantear [...] un problema filosófico general que habrá de aguardar de ahora en adelante a ser resuelto por la mecánica científica. El desarrollo logrado por la teoría de Newton entre sus discípulos, principalmente em el más destacado de todos ellos, en Leonhard Euler, guarda cierta relación tácita con las objeciones de Berkeley y es así, gracias a esta antítesis, como llega a su madurez y alcanza su seguridad".

de Berkeley e da sua argumentação, elucidando por que algumas noções de uso corrente na física, como gravidade, atração e força, não são aceitas por Berkeley como causas reais dos fenômenos.

Em primeiro lugar, observa Berkeley, a gravidade é "proporcional ao peso, isto é, a si mesma".[198] Por sua vez, o termo "atração" serve para descrever fenômenos como a queda de uma pedra, o fluxo das marés e a colisão dos corpos, mas não explica como isso é feito nem designa sua causa. Então, em que consistiria o poder explicativo da atração gravitacional?

> O grande princípio mecânico atual em voga é a atração. Se uma pedra cai na terra ou o mar se levanta para a Lua, esta explicação satisfaz a muitos. Mas em que nos esclarece dizer que isto se faz por atração? Significa a palavra uma como tendência de aproximação dos corpos em vez do impulso de uns para os outros? Mas o modo ou a ação é indeterminado, e pelo que sabemos tanto pode chamar-se 'impulso' como 'atração'. Insisto: as partes do aço são perfeitamente coesas e isso se explica por atração; mas neste como em outros exemplos não vejo se exprime alguma coisa além do efeito mesmo; quanto à maneira como a ação se produz ou à causa que a produz, não são sequer apontadas.[199]

Sabemos por experiência que as maçãs e a maioria dos objetos caem livremente ao chão se ninguém os segura; que as marés são afetadas pela Lua; que a Lua gira em torno da Terra; e que os planetas giram em torno do Sol em órbitas similares às da Terra. Todos esses fenômenos eram conhecidos pela humanidade antes de Newton. Mas o que Newton fez? Ele não descobriu os fenômenos. Ele simplesmente os explicou, mostrando que eram todos casos particulares de uma mesma regularidade – a atração gravitacional. Naturalmente, podemos pensar que essa explicação diz respeito à causa eficiente, isto é, uma força chamada "força de gravitação".

---

[198] Id. Siris, § 319.
[199] BERKELEY. Principles, § 103. In: Works.

Mas, como causa eficiente, essa força seria apenas uma aceleração no sentido do centro da terra a uma velocidade de 9,8 m/s². E dizer que existe uma força que acelera os objetos a essa velocidade é um discurso vazio, como se alguém dissesse que a gasolina acende no motor do meu carro porque tem um "poder de combustão" ou, no limite, que, quando alguém fuma ópio, dorme instantaneamente devido ao seu "poder dormitivo".[200] O que Newton fez foi mostrar alguns princípios básicos. O conceito de atração gravitacional tem poder explicativo porque é uma forma rápida de referir-se às características comuns de vários fenômenos similares, mas não porque designa a sua causa eficiente. Nesse sentido, a explicação não é uma mera descrição, e sim, como diria Berkeley, "uma redução a regras gerais".[201] Berkeley, no entanto, sustenta que a única causa eficiente do movimento é a mente:

> Pretenderam alguns dar conta das aparências por qualidades ocultas, mas depois a maior parte decidiu-se por causas mecânicas, figura, movimento, peso e outras, de partículas insensíveis; mas, na verdade, não há nenhum agente ou causa eficiente senão o espírito, sendo evidente que o movimento, como todas as outras ideias, é absolutamente inerte.[202]

Essa passagem lembra-nos da teoria corpuscular e da distinção entre qualidades primárias e secundárias, ambas discutidas no *Capítulo I*. Para Berkeley, não podemos atribuir causalidade às ideias, visto que todas elas são passivas e sua existência consiste em serem percebidas por alguma mente. Sendo assim, a ideia de movimento não pode ser "causada" – no sentido ontológico da palavra – por nenhuma outra ideia. Todas as qualidades dos objetos (primárias ou secundárias) são ideias e, como tais, são percepções impressas na mente (espírito humano) pelo Espírito Supremo – Deus, que é a causa eficiente de todas as ideias.

---

[200] *Cf.* URMSON, 1982, p. 5;51.
[201] BERKELEY. Principles, § 105. *In: Works*.
[202] *Ibid.*, § 102.

Os fisicistas, afirma Berkeley, não conhecem melhor que os outros as causas dos fenômenos, porém o instrumental teórico mais abrangente do qual dispõem permite-lhes reduzir a regras um maior número de fenômenos observados e, desse modo, alcançar melhores condições para explicar o passado e predizer o futuro. Esses poderes, no entanto, devem ser utilizados com cuidado, uma vez que as leis da natureza, para Berkeley, não são necessárias nem universais:

> Mas deveríamos ser prudentes nestas coisas, porque podemos confiar demais nas analogias, e com prejuízo da verdade sentir aquela avidez que leva o espírito a ampliar o seu conhecimento em teoremas gerais. Por exemplo, no caso da gravitação ou atração mútua, por aparecer em muitas instâncias, logo alguns o consideraram universal; atrair e ser atraído teve-se por qualidade inerente a quaisquer corpos. Pelo contrário, é evidente não terem as estrelas fixas tendência para se aproximar; e tão longe ela está de ser essencial aos corpos, que em alguns exemplos parece observar-se o princípio contrário, como no crescimento vertical das plantas e na elasticidade do ar.[203]

Nessa passagem, Berkeley critica o método de generalização que caracteriza as teorias que pretendem universalizar os fenômenos observados na natureza. O fato de que alguns fenômenos aparecem constantemente associados a determinadas propriedades não significa que os objetos estudados possuam intrinsecamente tais propriedades. A generalização pode induzir conclusões precipitadas. Berkeley cita como exemplos algumas exceções à lei de gravidade. Apesar de, na maioria dos casos, essa lei ser verificada, isso não é suficiente para afirmar que se trata de uma propriedade essencial:

> Nada é necessário ou essencial no caso, mas tudo depende inteiramente da vontade do Espírito Diri-

---

[203] BERKELEY. Principles, § 106. In: Works.

gente (*governing spirit*), que dá a certos corpos a tendência de uns para os outros segundo várias leis, ao passo que conserva outros à distância fixa; e a alguns Ele dá uma tendência contrária, para voarem separadamente como Ele tem por conveniente.[204]

O problema não é determinar leis a partir da observação da natureza, pois todas as descrições sobre os corpos e a maneira como eles se comportam no curso ordinário da natureza podem ser muito úteis para os homens. Porém, não devemos pensar que essas descrições exprimem a realidade última das coisas, vez que o comportamento dos corpos depende, em última instância, da vontade de Deus, que não é necessária nem universal. Deus é a Mente Onipotente e a sua vontade é arbitrária, no sentido implicar uma escolha. As leis da natureza poderiam, de direito, ser outras. No entanto, Deus escolheu essas, baseando-se na razão constante e segura. Se a vontade divina não fosse arbitrária, Deus estaria subordinado às leis da natureza. Mas, no pensamento de Berkeley, ocorre o exato oposto: as leis da natureza estão subordinadas ao Autor da natureza; portanto, o necessário é aquilo que Deus quer que seja.

O hábito da abstração, explica Luce, fez Newton duplicar os três *quanta*[205]: ele postulou o espaço absoluto, o tempo absoluto e o movimento absoluto, lado a lado com o espaço relativo, o tempo relativo e o movimento relativo. Para Berkeley, isso representa três pares de entidades, cada par sob um nome, sendo dois tipos de espaço, dois tipos de tempo e dois tipos de movimento. Entretanto, a relação entre as duas entidades que mantêm um mesmo nome é incompreensível, visto que os supostos "absolutos" são ordinariamente concebidos em relação às coisas sensíveis, com as quais, em sua própria natureza, não mantêm nenhuma relação. *Movimento absoluto*, de acordo com Newton, é a translação de um corpo de um lugar absoluto para outro lugar absoluto, sendo o lugar aquela

---

[204] *Ibid.*
[205] *Cf.* LUCE, 1945: os três "quanta" são espaço, tempo e movimento.

parte do espaço que é ocupada por algum corpo. Em resposta, Berkeley aponta que o único movimento concebível é o relativo, pois, para que haja movimento, devem existir dois corpos, não sendo necessário que ambos se movam; se houvesse apenas um corpo, não poderíamos perceber seu movimento, porque não teríamos outro corpo (ou ponto de referência) para perceber a variação da distância, que é o que nos permite perceber o movimento:

> Portanto, para Berkeley, a essência do movimento é a variação da distância percebida, enquanto, para Newton; é a translação no espaço imperceptível. [...] Berkeley tenta provar que o movimento relativo não é necessariamente irreal. Quando eu caminho sobre as pedras, por exemplo, eu me movimento, mas as pedras apenas parecem mover-se. A marca distintiva entre o movimento relativo real e o aparente é a aplicação de força ao corpo movido.[206]

Essa passagem apresenta uma formulação do problema do movimento em função da distância. Porém, esse enfoque deve ser compreendido à luz da discussão do *Capítulo II*, no qual mostramos que a distância é um tipo de percepção indireta ou *sugestão* obtida a partir da associação entre percepções visuais e táteis por meio da experiência. O conceito de "força" – introduzido nesse trecho – denota que Berkeley associa a causa do movimento com a força motriz, que deriva unicamente da vontade espiritual. Berkeley, segundo Luce, considera o movimento absoluto uma demanda por um padrão (*standard*) do movimento relativo, isto é, um critério fixo de repouso e movimento. Assim, um homem em um navio pode estar, ao mesmo tempo, em repouso e em movimento: em repouso em relação ao navio, mas em movimento em relação à terra:

> Nas atividades ordinárias da vida, pensamos que a Terra está em repouso, e julgamos o movimento em relação a ela; mas como os filósofos sabem

---

[206] *Ibid.*, p. 139-142.

que a Terra se move, devem procurar um padrão (*standard*) mais remoto.[207]

Até aqui, privilegiamos os parágrafos dedicados por Berkeley à filosofia natural nos *Principles*. Entretanto, Berkeley escreveu um ensaio – *De motu* – que é considerado pelos comentadores uma aplicação do imaterialismo ao problema do movimento, o que contribui de maneira substancial com a proposta deste livro, visto que o objetivo principal era caracterizar o imaterialismo berkeleyano a partir da relação entre percepção e experiência, sendo o movimento – junto com a distância e o espaço – um exemplo apropriado para tratar desse tema. Apesar dos 11 anos que separam a publicação das obras, em *De motu* (1721), Berkeley não abandona a filosofia de sua juventude – do *Essay towards a new theory of vision* (1709) e dos *Principles* (1710).

Berkeley percebe que muitos termos usados pelos físicos de sua época estavam afastando-se da verdade e do senso comum. Por exemplo, o conceito de força, introduzido nas páginas anteriores, só pode ser compreendido a partir da relação de causa e efeito, pois não podemos perceber a força como uma ideia imediatamente percebida: "nenhuma força é imediatamente percebida em si mesma, nem conhecida ou medida de outro modo que por seu efeito".[208] Quando examinamos a teoria da visão, mostramos que Berkeley começa pela afirmação de que a distância não é uma ideia propriamente percebida pelo sentido da visão – porque, estritamente falando, só percebe luzes e cores. Trata-se, portanto, de um modo de percepção indireta que faz com que a distância e a ideia de exterioridade sejam sugeridas à mente ou ensinadas pela experiência. Dessa vez, Berkeley distancia-se da tese newtoniana, segundo a qual o movimento seria causado por forças ou qualidades "ocultas", chamadas de gravidade, atração e assim por diante. Esses qualidades não correspondem a nenhuma ideia, nem são sugeridas à mente por meio de outras ideias, nem pela

---

[207] *Ibid.*
[208] BERKELEY. De Motu, § 10, p. 33. *In*: *Works*: "No force is immediately felt by itself, nor known or measured otherwise than by its effect".

relação entre diversas ideias. Essas qualidades são suposições que permitem realizar cálculos matemáticos:

> Por exemplo, a atração foi certamente introduzida por Newton, não como uma qualidade física verdadeira, mas apenas como uma hipótese matemática. Na verdade Leibniz, quando distingue o esforço elementar ou solicitação do impulso (*impetus*), admite que essas entidades não são realmente encontradas na natureza, mas devem ser formadas por abstração.[209]

Pode parecer absurdo que esse tipo de força – lei da gravidade – concebida por Newton, seja considerada qualidade oculta, visto que é formulada com uma sólida base no cálculo matemático. Mas é justamente por isso que Berkeley as considera "ocultas": porque não podem ser percebidas por nenhum sentido, e sim "imaginadas" com o auxílio das hipóteses matemáticas e da abstração. Conforme foi mostrado no *Capítulo II*, a ontologia proposta por Berkeley baseia-se apenas em duas modalidades de ser, que nós podemos conhecer por meio de uma simples intuição sensível a partir da nossa própria experiência. Essas modalidades de ser são: a mente, que é o agente ativo porque percebe; e as ideias percebidas (corpos), que são todas passivas:

> Existem duas classes supremas de coisas, corpo e alma. Com o auxílio dos sentidos, conhecemos a coisa extensa, sólida, móvel, figurada e provida com as outras qualidades que encontram os sentidos, mas a coisa pensante, percipiente (*percipient*), que sente (*sentient*) nós a conhecemos por uma certa consciência interna. Além disso, nós vemos que essas coisas são completamente diferentes uma da outra, e totalmente heterogêneas. Eu falo

---

[209] BERKELEY. *De Motu*, § 17, p. 35. In: *Works*.

das coisas conhecidas; porque das desconhecidas é inútil falar.[210]

Berkeley expõe sua filosofia dentro dos limites da percepção e da experiência, atribuindo um lugar para cada tipo de conhecimento. Assim, os princípios abstratos utilizados em matemática não devem confundir-se com as coisas concretas e reais da natureza, nem com as causas que efetivamente produzem os fenômenos. Para ele, o princípio do movimento tem que estar no elemento ativo que, por meio da vontade, opera modificações na percepção de suas ideias. O princípio do movimento, portanto, só pode ser encontrado na vontade de um espírito porque o que mais se aproxima de sua explicação é o poder que nós temos de mover nosso próprio corpo:

> Nós sabemos, por experiência pessoal, que as coisas pensantes têm o poder de mover os corpos, visto que nossa mente pode mexer *à vontade* e firmar os movimentos de nossos membros, seja qual for a última explanação dos fatos. Isto deixa claro que os corpos são movidos pela vontade da mente, e de acordo com isso, a mente pode ser chamada, corretamente, de princípio do movimento, na verdade um princípio subordinado e particular, na medida em que ele mesmo depende do princípio universal e primeiro.[211]

Para Berkeley, no entanto, podemos falar em "ação" e "reação" dos corpos, atendendo aos propósitos das demonstrações de mecânica, mas não devemos supor que há uma existência real nos

---

[210] Ibid., § 21, p. 36: "There are two supreme classes of things, body and soul. By the help of sense we know the extended thing, solid, mobile, figured, and endowed with other qualities which meet the senses, but the sentient, percipient, thinking thing we hnow by a certain internal consciousness. Further we see that those things are plainly different from one another, and quite heterogeneous. I speak of things known; for the unknown it is profitless to speak".

[211] Ibid., §25, p. 37: "that there is in [the thinking things] the power of moving bodies we have learned by personal experience, since our mind at will can stir and stay the movements of our limbs, whatever be the ultimete explanation of the fact. This is certain that bodies are moved at the will of the mind, and accordingly the mind can be called, correctly enough, a principle of motion, a particular and subordinate principle indeed, and one which itself depends on the first and universal principle".

corpos, que é a "causa" ou "princípio" do movimento. A atividade mental, por sua vez, depende da mente universal, isto é, a "causa" do princípio vital que transmite vida ao mundo:

> Todos os corpos deste sistema mundano são movidos pela Mente Onipotente conforme a razão constante e segura. Mas aqueles que atribuem um princípio vital aos corpos estão imaginando uma noção obscura e pouco adequada aos fatos. Pois o que significa estar dotado do princípio vital, exceto viver? E o que é viver, senão mover-se, deter-se e modificar o próprio estado? Mas os filósofos mais instruídos desta *época aceitam como* princípio indubit*ável* que cada corpo conserva seu próprio estado, seja de repouso ou de movimento uniforme em linha reta, exceto quando *é compelido de* fora a alterar esse estado. O contrário é o caso da mente; nós sentimos como uma faculdade de alterar tanto o nosso próprio estado, quanto àquele das outras coisas; isso *é* propriamente chamado vital e p*õe* uma distinção considerável entre a alma e os corpos.[212]

Percebe-se aqui que a questão dos princípios está no cerne da argumentação de Berkeley. Muitas vezes, denominamos princípios aquelas proposições mais simples que fundamentam uma ciência e das quais podem derivar-se outras proposições mais complexas seguindo certas regras; podemos considerar esses princípios como princípios epistemológicos. Entretanto, o sentido ontológico do termo exige que apenas aquilo que é a verdadeira causa, da qual

---

[212] *Ibid.*, § 32-33, p. 39-40: "All the bodies of this mundane system are moved by Almighty Mind according to certain and constant reason. But those who attribute a vital principle to bodies are imagining an obscure notion and one ill suited to the facts. For what is meant by being endowed with the vital principle, except to live? And to live, what is it but to move oneself, to stop, and to change one's state? But the most learned philosophers of this age lay it down for an indubitable principle that every body persists in it own state, whether of rest or of uniform movement in a straight line, except in so far as it is compelled from without to alter that state. The contrary is the case with mind; we feel it as a faculty of altering both our own state and that of other things, and that is properly called vital, and puts a wide distinction between soul and bodies".

dependem todas as demais coisas, seja unicamente admitido como princípio:

> Será de grande importância considerar o que *é propriamente* um princípio, e como esse termo deve ser entendido pelos filósofos. A causa verdadeira, eficiente, que conserva todas as coisas *é* por direito supremo denominada sua fonte e princípio. Mas os princípios da filosofia experimental devem ser propriamente denominados fundamentos e fontes, não de sua existência, mas de nosso conhecimento das coisas corp*óreas*, igualmente conhecidas pelos sentidos e pela experiência, fundamentos em que esse conhecimento se apoia e fontes das quais ele brota. De forma similar, na filosofia mecânica, devem ser denominados princípios, aqueles em que toda a disciplina está baseada e contida, aquelas leis primárias do movimento que foram provadas por experimentos, elaboradas pela razão e interpretadas como universais. Estas leis do movimento são convenientemente denominadas princípios, visto que delas são derivados tanto os teoremas gerais da mecânica quanto as explanações particulares dos fenômenos.[213]

Berkeley reconhece que o movimento e o espaço dependem da existência dos corpos, mas não devemos esquecer da identificação entre ideia e objeto sensível, estabelecida no *Capítulo II* como base do imaterialismo, pois, para Berkeley, não se trata da existência material dos corpos, e sim da existência de "coleções de ideias", as quais nós atribuímos nomes e, portanto, consideramos como

---

[213] *Ibid.*, § 36, p. 40-41: "It will be of great importance to consider what properly a principle is, and how that term is to be understood by philosophers. The true, efficient and conserving cause of all things by supreme right is called their fount and principle. But the Principles of experimental philosophy are properly to be called foundations and springs, not of their existence but of our knowledge of corporeal things, both knowledge by sense and knowledge by experience, foundations on which that knowledge rests and springs from which it flows. Similary in mechanical philosophy those are to be called Principles, in which the whole discipline is grounded and contained, those primary laws of motions which have been proved by experiments, elaborated by reason and rendered universal. These laws of motion are conveniently called Principles, since from them are derived both general mechanical theorems and particular explanations of the phenomena".

corpos. Parece que, em *De motu*, Berkeley não se preocupa muito com essa ressalva; provavelmente, ele dê por assumido o fato de que a matéria não existe e os corpos são conjuntos de percepções. Em todo caso, não pode haver movimento sem corpos – entendidos como objetos sensíveis, pois deve existir um objeto que se mova para que haja movimento. O mesmo argumento pode aplicar-se no caso do espaço: sem corpos, não haveria distâncias, nem tamanhos, nem posições. Berkeley identifica o espaço absoluto com o "nada", devido às características negativas que este conceito apresenta – deixemos que as palavras do autor expressem a incompreensibilidade da separação entre espaço absoluto e relativo:

> Suponhamos que todos os corpos fossem destruídos e convertidos em nada. O que sobra *é chama*do de espaço absoluto, todas as relaç*ões que surgem* da situação e das distâncias dos corpos são removidas junto com os corpos. Novamente, esse espaço é infinito, im*óvel,* indivis*ível,* insens*ível,* sem relação e sem distinção. Isto é, todos seus atributos são privativos ou negativos. Parece, consequentemente, que é o mero nada.[214]

Na tentativa de determinar a verdadeira natureza do movimento, Berkeley enumera três regras que podem aliviar a tarefa de quem se proponha a tal empreendimento: "(1) distinguir hipóteses matemáticas da natureza das coisas; (2) tomar cuidado com as abstrações; (3) considerar o movimento como algo sensível, ou pelo menos imaginável; e contentar-se com medidas relativas".[215] Essas regras sintetizam o pensamento de Berkeley a respeito da distinção newtoniana entre movimento absoluto e relativo, e mostram que a argumentação de Berkeley está baseada, em grande

---

[214] *Ibid.,* § 53, p. 45: "Let us suppose that all bodies were destroyed and brought to nothing. What is left they call absolute space, all relation arising from the situation and distances of bodies being removed together with the bodies. Again, that space is infinite, immoveable, indivisible, insensible, without relation and without distinction. That is, all its attributes are privative or negative. It seems therefore to be mere nothing".

[215] *Ibid.,* § 66, p. 49: "(1) to distinguish mathematical hypoteses from the natures of things; (2) to beware of abstractions; (3) to consider motion as something sensible, or at least imaginable; and to be content with relative measures".

parte, na crítica às ideias gerais abstratas, conforme apontamos nos capítulos anteriores. Em particular, Berkeley rejeitou as ideias de espaço e tempo absoluto como realidades objetivas que podem existir independentemente de nossa percepção. As abstrações da matemática permitem operar com entidades que não se encontram na natureza. Portanto, não podemos considerá-las como causas reais ou princípios, no sentido que Berkeley entende esses termos, isto é, no sentido ontológico ou metafísico. Essas regras podem ser compreendidas pelo senso comum, visto que são bastante simples, mas não pretendem invalidar as hipóteses científicas, apenas simplificá-las por meio da identificação das ideias gerais abstratas. Se adotarmos essas regras:

> Todos os famosos teoremas da filosofia mecânica pelos quais os secretos da natureza são desvendados, e pelos quais o sistema do mundo é reduzido a cálculos humanos, permanecerão intactos; e o estudo do movimento será libertado de um milhar de minúcias, sutilezas e ideias abstratas.[216]

A contribuição epistemológica de Berkeley para o problema do movimento pode ser encontrada nas soluções propostas por ele para alguns experimentos apresentados por Newton.[217] No caso das esferas (*globes*) movendo-se no espaço vazio, por exemplo, Berkeley pensava que, se houvesse apenas uma esfera sozinha, não poderíamos atribuir-lhe nenhum movimento; se fossem duas esferas, "seja lá o que for que nós compreendamos pela aplicação das forças, um movimento circular das duas esferas em volta de um centro comum não pode ser concebido pela imaginação".[218] Nesse ponto, segundo Whitrow[219], Berkeley faz a sua contribuição mais

---

[216] *Ibid.*

[217] Para um aprofundamento, ver LOUET, Daniel. La critique de l'absolutisme newtonien chez Leibniz et Berkeley. *Revue de Métaphysique et de Morale*, Paris, França, v. 93, n. 4, p. 447-468, 1988; e ASHER, Warren. Berkeley on absolute motion. *History of Philosophy Quarterly*, Illinois, Estados Unidos, v. 4, n. 4, p. 447-466, out. 1987.

[218] BERKELEY. De Motu, § 59, p. 47. *In*: Works.

[219] WHITROW, Gerald James. Berkeley´s philosophy of motion. *In*: CROMBIE, Alistair Cameron (ed.). *George Berkeley bicentenary*. New York, London: Garland, 1988.

importante, que consiste em mostrar que não precisamos de três esferas para conceber o movimento em um plano, nem que quatro esferas seriam necessárias antes que pudéssemos conceber o movimento em três dimensões. Ele argumenta da seguinte maneira:

> [...] suponhamos que o céu das estrelas fixas fosse criado; de repente da concep*ção* da aproximação das esferas *às* diferentes partes desse céu, o movimento *é* concebido.[220]

Para compreender a explicação de Berkeley, devemos imaginar que essas esferas (*globes*) se encontram, inicialmente, no espaço vazio. Desse modo, não temos nenhum ponto de referência para conceber os movimentos. Kepler considerava que o Sol era o centro do mundo, mas Newton pensou que devia existir um ponto fixo, que ele identificou como sendo o centro de gravidade do sistema solar. As estrelas, para ele, não podiam ser consideradas um ponto fixo de referência, pois, como o Sol, estavam em contínua agitação, espalhadas pelo espaço infinito e sujeitas à gravitação. Berkeley, de certa forma, retoma a visão antiga (de Copérnico e Ptolomeu), mas referindo-se a um "céu de estrelas fixas", e não à esfera das estrelas fixas (o antigo *cosmos*), que eles pensaram. Whitrow sugere que Berkeley considera as estrelas como pontos relativamente fixos de uma treliça (*lattice*) do espaço de referência. Na época de Berkeley, acreditava-se que as estrelas – relativamente entre elas – eram fixas. Nessa mesma época, Halley observou que algumas estrelas (Sirius, Arcturus e Aldebaran) moveram-se em relação ao pano de fundo geral das outras estrelas. De qualquer modo, Berkeley parece ter compreendido essencialmente o ponto, pois não se trata de determinar um plano último e absoluto de referência, e sim de imaginar que "nenhuma estrela deve ser mais favorecida que qualquer outra, pois a referência deve ser concebida a partir da estrutura (*framework*) de todas".[221]

---

[220] BERKELEY. De Motu, § 59, p. 47. *In*: Works.
[221] *Cf.* WHITROW, 1988, p. 42-43.

O outro experimento de Newton, discutido por Berkeley em *De motu*, refere-se ao movimento circular de um vaso (*bucket*) de água. Para Newton, esse exemplo permitia compreender a diferença entre movimento absoluto e relativo, sendo o primeiro aquele em que as forças tendem a afastar-se do eixo do movimento circular:

> Penduremos, por exemplo, um vaso por meio de uma corda muito comprida, e viremo-lo muitas vezes até ficar a corda endurecida pelas voltas; enchamo-lo então de água e larguemo-lo: subitamente ocorrerá aí certo movimento contrário, descrevendo um círculo, e, relaxando a corda, o vaso continuará por mais tempo nesse movimento. A superfície da água [dentro do vaso] será plana no começo, como antes do movimento do vaso, mas depois, imprimindo-se aos poucos a força da água, esta começará sensivelmente a mexer-se, afastando-se aos poucos do centro e subindo aos lados, de modo a formar uma figura côncava (como eu mesmo experimentei); e, na medida em que o movimento aumentar, a água subirá sempre mais, até que, por último, igualando-se no tempo sua revolução com a do vaso, descansará relativamente nele. Esta subida indica o esforço por afastar-se do eixo do movimento, e por esse esforço se torna conhecido e se mede o verdadeiro e absoluto movimento circular da água, aqui inteiramente contrário ao movimento relativo.[222]

Newton distingue nessa experiência um movimento real e quer mostrar que a existência da força não é apenas uma hipótese. O movimento circular da água contida no vaso que, por sua vez, está sujeito a um movimento de rotação, põe em evidência a existência de uma força centrífuga – aquela que provoca esse movimento real e indica que não se trata de um simples efeito relativo a uma modificação da situação. Com essa experiência, Newton pretende demonstrar que a atração, na verdade, está no corpo. A interpretação de Berkeley, no entanto, é diferente: para ele,

---

[222] NEWTON, 1979, p. 11, def. VIII (*escolium*).

esse movimento particular pertence a uma série de movimentos que constituem a relatividade, de tal sorte que não percebemos a diferença entre repouso e movimento. Portanto, não tem sentido falar de força centrífuga se não podemos determinar de qual eixo o movimento está se afastando[223]:

> [...] o movimento de uma pedra em um estilingue ou da água girando no vaso não pode ser chamado movimento verdadeiramente circular da maneira como esse termo é concebido por aqueles que definem os lugares verdadeiros dos corpos pelas partes do espaço absoluto, visto que se trata de uma estranha combinação de movimentos, *não só do vaso* ou do estilingue, mas também do movimento diário da Terra em torno do seu próprio eixo, do seu movimento mensal em volta do centro de gravidade comum *à* Terra e *à* Lua, e seu movimento anual em volta do Sol. Nessa explicação, cada partícula da pedra ou da água descreve uma linha muito diferente da circular.[224]

Em relação à experiência de Newton com o vaso de água, Berkeley explica que o movimento circular se origina simultaneamente a partir de duas direções: uma ao longo do raio e outra sobre a tangente. Se aumentarmos o impacto (*impetus*) apenas sobre a tangente, o corpo sairá do centro e sua órbita deixará de ser circular, ao passo que, se as forças são aumentadas proporcionalmente em ambas direções, o movimento permanecerá circular e, mesmo acelerado, não se distanciará nem se aproximará do eixo central. Desse modo, compreende-se por que a água que circula pelas laterais do vaso tende a subir; sobe "porque quando novas forças são aplicadas a cada partícula de água na direção da tangente, não são aplicadas, nesse mesmo instante, novas forças centrípetas equivalentes".[225] Portanto, Berkeley conclui que o fenômeno citado por Newton supõe um movimento aparente que

---

[223] *Cf.* BERLIOZ, Dominique. *Berkeley*: un nominalisme réaliste. Paris: Vrin, 2000. p. 167.
[224] BERKELEY. De Motu, § 62, p. 48. *In*: *Works*.
[225] *Ibid.*, § 60, p. 48.

indica apenas uma rotação em relação aos outros corpos do universo, o que torna desnecessária a ideia de espaço absoluto, que não afeta os sentidos de forma alguma e é completamente inútil para distinguir os movimentos. Nesse ponto, nosso próprio corpo tem um papel fundamental no pensamento de Berkeley, visto que o problema do movimento pode ser resolvido por esse viés, ou seja, tomando o nosso próprio corpo como sistema de referência para a percepção do movimento relativo. Berkeley expressa isso da seguinte maneira:

> Quando provoco um movimento do meu corpo, se não há resistência, digo que há espaço; se há resistência, digo que há corpo; e, na proporção da resistência maior ou menor, digo que o espaço é menos ou mais puro. Assim, quando falo de espaço puro ou vazio não se deve supor que a palavra 'espaço' representa uma ideia distinta de ou concebível sem corpos e movimento. [226]

Berkeley critica Newton por este ter definido o movimento em virtude do espaço absoluto de referência, sem ter levado em conta a ação motriz; e opõe a isso uma noção de movimento relativo que inclui a relação do corpo movido com outro corpo de referência, mas essa noção exige, para ser completa, o pensamento da força motriz (de natureza espiritual) que lhe é aplicado. O movimento é relativo principalmente porque remete a essa força e porque não existe em si mesmo:

> *Não devemos definir o lugar verdadeiro do corpo como a parte do espaço absoluto que o corpo ocupa, e o movimento verdadeiro ou absoluto como a mudança do lugar verdadeiro ou absoluto;* porque qualquer lugar é relativo assim como todo movimento é relativo.[227]

---

[226] BERKELEY. Principles, § 116. *In: Works*.
[227] BERKELEY. De Motu, § 58, p. 47. *In: Works*: "we ought not to define the true place of the body as the part of absolute space which the body occupies, and true or absolute motion as the change of true or absolute place; for all place is relative just as all motion is relative". Ver também § 55, p. 46.

Por último, Berkeley lembra da formulação aristotélica do problema do movimento no livro da *Física*: o movimento nasce e morre ou é eterno?[228] Tendo em vista que Deus é a única força capaz de criar o movimento, isto é, a verdadeira causa do movimento e, portanto, possui também o poder de comunicá-lo. Todavia, essa afirmação exige um aprofundamento do problema para elucidar a relação entre metafísica e causalidade. Uma chave para compreender essa relação no âmbito da filosofia de Berkeley é a linguagem.

3.4 Causalidade metafísica e linguagem

Vamos discutir agora a concepção de causalidade de Berkeley, visando com isso proporcionar uma compreensão mais abrangente da sua metafísica e do caráter instrumental que o autor atribui à ciência:

> Em filosofia primeira ou metafísica nos preocupamos com as coisas incorpóreas, com as causas, a verdade, e a existência das coisas. O físico estuda a série ou as sucessões de coisas sensíveis, anotando por que leis estão *conectadas, e em que ordem,* o que precede como causa, e o que se segue como efeito. E com base neste método dizemos que o corpo em movimento é a causa do movimento na sequência, e imprime movimento nele, também o atrai ou o impele. Nesse sentido, devem ser entendidas as causas corporais segundas, pois nenhuma dessas explicações *leva em conta* a sede real das forças ou dos poderes ativos ou da causa real em que estão. Além do corpo, da figura, e do movimento, também os primeiros axiomas da ciência mecânica podem ser chamados causas ou princípios

---

[228] *Cf.* ARISTÓTELES, *Physics*, book VIII. Transl. Daniel Graham. Clarendon Press, 1999.

mecânicos, sendo considerados como as causas das consequências.[229]

Para Berkeley, a causalidade deve ser entendida em dois planos: o plano horizontal ou fenomênico, em que as ideias aparecem conectadas como sinais de significação; e o plano vertical ou metafísico, que remete à causalidade divina. No primeiro caso, estabelecemos causalidade entre ideias porque toda ideia sempre "sugere" outra e isso nos leva a pensar em uma maneira prática de associá-las entre si. Assim, designamos a primeira como causa da segunda, que é o efeito. Contudo, essa associação é apenas instrumental e permite à ciência descobrir regularidades na natureza a partir da experiência, mas não deve ser entendida no sentido ontológico, visto que nenhuma ideia possui caráter ativo e, por isso, é incapaz de criar outra ideia:

> [...] a conexão de ideias *não implica a relação de causa e efeito, mas somente a de um sinal da coisa significada. O fogo que vejo não é a causa da dor sentida se me aproximar, mas o sinal para me acautela dele. O ruído que ouço não é o efeito de movimento ou colisão de corpos externos, mas o sinal disso.*[230]

Quando mostramos que o movimento e o espaço são percebidos pelo espírito como ideias, isso não significa que as ideias sejam a "causa'" do movimento ou que elas possam "produzir" o espaço. No caso particular do movimento de uma pedra, por exemplo, ou do movimento da marés, percebemos um conjunto de ideias que "sugerem" à nossa mente a ideia de movimento, mas todas essas ideias estão igualmente no espírito e nenhuma

---

[229] BERKELEY. De Motu, § 71, p. 51. *In: Works*: "In first philosophy or metaphysics we are concerned with incorporeal things, with causes, truth, and the existence of things. The physicist studies the series or sucessions of sensible things, noting by what laws they are connected, and in what order, what precedes as cause, and what follows as effect. And on this method we say that the body in motion is the cause of the motion in the order, and impresses motion on it, draws it also or impels it. In this sense second corporal causes ough to be understood, no account being taken of the actual seat of the forces or of the active powers or of the real cause in which they are. Further, besides body, figure, and motion, even the primary axioms of mechanical science can be called causes or mechanical Principles, being regarded as the causes of the consequences".

[230] BERKELEY. Principles, § 65. *In: Works*.

delas pode ser "causa" de outra, visto que são todas passivas e inertes. Poderíamos dizer que o espírito ativo, ao operar com as ideias, concebe o movimento, a distância e o tempo. Entretanto, não podemos afirmar que o espírito humano seja sua verdadeira "causa", pois, para Berkeley, as ideias dependem do espírito apenas cognitivamente, e não ontologicamente. Portanto, o espírito pode pensar ou perceber ideias, mas não pode criá-las ou gerá-las. Uma vez que é impossível construir relações de causalidade entre ideias, o plano horizontal apresenta os fenômenos conectados entre si por meio da experiência. Para Berkeley, Deus permite que tenhamos essa "experiência da causalidade", de modo que possamos aprimorar nosso desenvolvimento cognitivo para a utilidade da vida.

Não obstante, o plano vertical da causalidade oferece a explicação última ou metafísica dos fatos. Sendo Deus o Espírito ativo por excelência, criador dos espíritos humanos e das ideias percebidas por eles, compreende-se que seja Ele o único detentor do poder gerador de ideias e, portanto, sua verdadeira causa. Para que nós interpretemos de modo prático a realidade, Deus cria as ideias conectadas entre si como modificações em nosso espírito, e por isso somos levados a esperar uma ideia na presença de outra. A essa expectativa nós denominamos "causalidade", mesmo que não corresponda à verdadeira acepção do termo. A verdadeira causalidade é a causalidade divina: Deus combina as percepções em nossa mente, assim como nós combinamos certas letras para constituir nomes e palavras e, com elas, designamos os conjuntos de ideias ou objetos sensíveis. Desse modo, o Espírito de Deus imprime em nosso espírito o mundo da experiência:

> [...] a razão por que as ideias se formam em máquinas, isto é, regulares e artificiais combinações; é a mesma que para combinar letras em palavras. Essa pluralidade combinatória é necessária para com poucas ideias originais exprimir grande número de efeitos e ações. E para seu uso permanente e universal essas combinações devem fazer-se segundo regra e sábio plano.[231]

---

[231] BERKELEY. Principles, § 65. In: Works.

Considerando essa dupla concepção de causalidade, podemos compreender os objetivos do ensaio *De Motu* em função de uma demarcação de terreno, estabelecida por Berkeley, entre a física e a metafísica. Nesse sentido, Brykman acentua os argumentos sobre a causalidade, destacando que, no plano horizontal, ocupamo-nos apenas com as causas segundas ou figuras de linguagem:

> Em resumo, o objetivo do De Motu, era ao mesmo tempo modesto e precursor: antes que Hume e que Kant, Berkeley parece ter-se proposto pôr no lugar as tarefas respectivas do físico e do metafísico. No estudo do princípio, da natureza e das causas do movimento, o físico deve ocupar-se apenas com a *série* de sucessões das coisas sens*íveis*; quando se permite falar de causas, trata-se sempre de causas segundas, causas que não são as verdadeiras causas, mas as figuras do discurso. É à filosofia primeira ou metafísica, precisa Berkeley, que corresponde falar das coisas incorporais e das causas reais que escapam à ciência mecânica.[232]

No plano horizontal, enquadram-se também todas as outras formas humanas de produção de sentido, denominadas por Cassirer[233] de formas simbólicas, como a ciência, a arte, a linguagem, a mitologia, a religião e a história. A metafísica sobressai porque estaria preocupada com o plano vertical da causalidade, isto é, com a existência real das coisas e a relação que estas mantém com Deus, o criador supremo. Como é que Berkeley faz a passagem do mundo sensível, da experiência e da percepção, para o mundo espiritual e metafísico? Essa passagem se dá por meio da

---

[232] BRYKMAN, Geneviève. *Berkeley et le voile des mots*. Paris: Vrin, 1993. p. 332: "Somme toute, l'objectif du De Motu, était à la fois modeste et précurseur: avant Hume et Kant, Berkley semble s'y être proposé de mettre en place les tâches respectives du physicien et du métaphysicien. Dans l'étude du principe, de la nature et des causes du movement, le physicien n'a jamais affaire qu'à la série aux successions des 'choses sensibles'; lorsqu'il se permet de parler de causes, il s'agit toujours de 'causes secondes', causes qui ne sont pas de véritables causes mais des figures du discours. C'est à la philosophie première ou métaphysique, précise Berkeley, qu'il appartient de parler des choses incorporelles et des causes réelles qui, elles, échappent à la science mécanique".

[233] *Cf.* CASSIRER, 1995.

linguagem na medida em que a percepção do espaço, do tempo e do movimento só é possível em nosso espírito, onde são impressas as "palavras" do criador como objetos sensíveis. Ao passo que os homens estabeleceram convenções para comunicar-se entre eles, isto é, as linguagens artificiais, Deus criou os espíritos como mentes capazes de interpretar, através da percepção, os sinais que Ele produz na forma de ideias que constituem a linguagem natural e universal:

> Um grande número de signos arbitrários, variados e adequados (*apposite*), constituem uma linguagem. Se tal conexão arbitrária é instituída pelo homem, trata-se de uma linguagem artificial; se for instituída pelo Autor da natureza, é uma linguagem natural.[234]

O interesse de Berkeley no estudo da percepção – principalmente visual – tem um fundamento duplo: por um lado, o caráter eminentemente prático das relações entre as percepções dos nossos sentidos: "tão úteis são essas sugestões imediatas e conexões constantes que servem para dirigir nossas ações"[235]; e, por outro, a identificação dessa praticidade com uma linguagem divina: "A visão é a Linguagem do Autor da Natureza".[236] Na interpretação de Bergson, essa tese sobre a linguagem é a que melhor exprime a filosofia de Berkeley:

> Parece-me que Berkeley percebe a matéria como uma fina película transparente situada entre o homem e Deus. [...] Mas há outra comparação, frequentemente evocada pelo filósofo, e que é apenas a transposição auditiva da imagem visual que acabo de descrever: a matéria seria uma língua em que Deus nos fala.[237]

---

[234] BERKELEY. The theory of vision vindicated and explained, §40. *In: Works.*
[235] *Ibid.*, §36.
[236] *Ibid.*, §38.
[237] BERGSON, Henri. A intuição filosófica. *In:* BERGSON, Henri. *Conferências.* São Paulo: Abril Cultural, 1984. (Os Pensadores). p. 62

Contudo, não devemos pensar que Deus é exatamente o Ser criado pela Igreja, seja esta a católica, a anglicana – como no caso de Berkeley – ou qualquer outra instituída pela religião. Esse Deus "metafísico" não pode ser percebido, pois não é uma ideia (percepção) como as que constituem nosso corpo e todo o mundo material; é o Espírito ou Mente Universal com o qual, em menor escala, se parece nossa mente. Cabe lembrar que nós não podemos ter uma ideia de Deus nem de outros espíritos semelhantes ao nosso, visto que isso significaria perceber diretamente a substância espiritual por meio dos sentidos, o que é impossível face à concepção berkeleyana de duas modalidades de ser, opostas entre si, isto é, "perceber" e "ser percebido".[238] Não obstante, a nossa própria consciência interna da percepção de ideias e a ordem (independente da nossa vontade) com a qual elas estão conectadas nos permitem compreender a existência do espírito como uma "noção". Quando nós levantamos um braço, por exemplo, somos conscientes de que, por um ato da nossa vontade, realizamos essa ação; de maneira análoga, intuímos a presença divina, ou seja, a Vontade Universal:

> Ao passo que um conjunto de ideias denota um espírito humano particular, para qualquer lado que olhemos vemos sempre e em toda parte indícios da divindade. Tudo quanto vemos, ouvimos, sentimos ou percebemos de qualquer modo pelos sentidos é sinal ou efeito do poder de Deus; como é a nossa percepção dos movimentos produzidos pelo homem.[239]

Todo o esforço intelectual de Berkeley visa manifestar a imanência da divindade. Portanto, a afirmação de que os objetos sensíveis dependem da mente completa-se quando a existência de Deus é provada. Não se trata de demonstrar racionalmente sua existência – como pretendia Descartes –, mas de compreender intuitivamente que o mundo percebido em termos de ideias

---

[238] Cf. Capítulo II.
[239] BERKELEY, Principles, § 148. In: Works.

implica uma concepção de Deus, não apenas como criador do mundo natural, mas como um Ser vitalmente envolvido com tudo o que acontece no mundo[240]:

> Parece, pois, evidente a uma simples reflexão a existência de Deus ou um Espírito intimamente presente ao nosso, onde produz toda a variedade de ideias ou sensações experimentadas, e de quem dependemos absolutamente, em suma, em quem vivemos, nos movemos e somos.[241]

O percurso de Berkeley, que começa com uma análise da percepção, culmina também na percepção, pois o mundo real é o mundo da experiência. As ideias privilegiadas nesse estudo – espaço, tempo e movimento – não são entidades independentes da percepção, apreendidas somente pela mecânica; elas constituem a forma sensível do mundo e da nossa estrutura perceptiva, mas não podem sobreviver sem o espírito que, por sua vez, depende de um princípio vital, isto é, Deus.

---

[240] *Cf.* TIPTON, 1988, p. 298.
[241] BERKELEY, Principles, § 149. *In: Works*.

CONCLUSÃO

> *Veremos como um movimento na filosofia cria um problema, ou como uma mosca entra em uma garrafa. Também indicaremos a forma pela qual Berkeley pensava que a mosca podia sair.*
> (Tipton)[242]

O ponto de partida de Berkeley é a percepção. É aí que se encontram os espíritos com as ideias e começa o que poderíamos chamar a experiência da vida. Mas o ponto de chegada também é a percepção, pois a experiência nos ensina que por trás das ideias e de nós mesmos existe uma espécie de vontade independente da nossa, que fundamenta a nossa experiência e possibilita nossas ações. O que isso quer dizer? Tomemos como exemplo o movimento. Cada um de nós, mortais comuns, pode mover o seu corpo como quiser, ir e vir etc. Está claro que, nesse sentido, nós temos sempre o controle sobre o curso das nossas ideias. Podemos abrir e fechar os olhos, ou virar a cara em outra direção. Mas Berkeley mostra que, de fato, nós não podemos escolher quais ideias da realidade vamos experimentar quando abrirmos os olhos. Esse é o velho problema de saber como pode a vontade livre ser compatível com a uniformidade da natureza.

Neste trabalho, esse problema se coloca para nós em termos da oposição entre espaço interior e espaço exterior. O que está dentro e o que está fora? Em que sentido devemos compreender as teses de Berkeley? Ou tudo se processa "dentro da mente" e o mundo exterior não existe ou, então, deve existir alguma outra forma de dizer, com total legitimidade, que o objeto que *vejo fora* do meu corpo está, de fato, situado em outro lugar que não aquele ocupado pelo meu corpo. Berkeley não seria tão ingênuo de defender a primeira alternativa, pois, se fosse assim, todas aquelas

---
[242] TIPTON, 1988, p. 18.

interpretações que o acusam de ter degradado o mundo a uma mera ilusão estariam corretas, e não é isso o que Berkeley queria. Pelo contrário, Berkeley queria devolver a realidade ao mundo, isto é, mostrar para o senso comum que o mundo existe apenas *porque brilha e emite sons*.[243]

Uma saída para esse dilema – a questão do exterior e do interior – é a distinção entre o espaço *físico* e o espaço *metafísico*. Essa interpretação sustenta que, do ponto de vista metafísico, todos os objetos são ideias assimiladas no interior do sujeito e que, portanto, não podemos dizer que eles estão *fora* do espírito. Se em algum momento falamos dessa maneira, diz Berkeley, é porque preferimos "pensar com os doutos e falar com o vulgo".[244] Mas a análise da teoria da visão parece indicar que não se trata apenas de uma maneira de falar, visto que as ideias mantêm entre si relações de distância, principalmente em relação ao nosso próprio corpo e, por conseguinte, aquilo que está distante do meu corpo deve estar *fora* de mim, no sentido físico.

Considerando que uma das maiores preocupações de Berkeley era não contrariar o senso comum, essa interpretação é bastante apropriada. Berkeley jamais diria: "tudo está em mim", pois o senso comum diz, por exemplo: "a mesa está fora de mim". Em que sentido uma coisa está *dentro* ou *fora* de uma pessoa? Alguém poderia dizer: "o meu coração está dentro de mim, mas a mesa está fora". Existe um sentido em que se pode dizer isso legitimamente. Esse é o sentido do interior e do exterior físicos. Essa interpretação aproxima-se bastante da leitura proposta por Grayling:

> Os argumentos de Berkeley deslocam-se em três níveis: (1) o nível estritamente empírico ou fenomenológico, que tem a ver com as dados básicos da experiência sensorial; (2) o nível dos fenômenos, isto é, o nível do pensamento e do discurso ordinário sobre a experiência cotidiana e seus objetos; e

---

[243] *Cf.* LUCE, 1945, *preface*, viii.
[244] BERKELEY. Principles, § 51. *In*: *Works*.

(3) o nível metafísico, que proporciona a estrutura última da explicação para os níveis 1 e 2.[245]

Qualquer falha na identificação dessa tríplice natureza na abordagem de Berkeley pode conduzir-nos a uma interpretação confusa de suas teses. Como ficaria o problema da distância, tendo em vista essas categorias de análise? Como opera essa diferença entre níveis no pensamento de Berkeley a respeito da percepção visual da distância? No nível 2, admitimos que os objetos da percepção visual se encontram a várias distâncias de nós e que podemos concluir isso baseando-nos em dados visuais. Berkeley sustenta que os dados visuais, independentemente da interpretação que lhes damos – ou seja, considerados no nível 1 – não oferecem por si só os elementos que sugerem a distância, entretanto; são as correlações entre as ideias visuais e algumas outras – ideias do tato, sensações dos movimentos dos nossos olhos – que, no curso da experiência, nos permitem estimar a distância. Portanto, no nível 1, que leva em conta apenas o conteúdo atual da consciência, sem nenhuma das interpretações habituais ou suas implicações, a investigação é puramente fenomenológica; e é ela que constitui o empirismo de Berkeley.

Os argumentos que Berkeley usa na teoria da visão para mostrar como é que percebemos visualmente a distância reforçam essa interpretação, pois é a relação entre a percepção sensível (ideias) e a nossa experiência que faz com que sejamos capazes de conceber distâncias. De fato, Berkeley começa por identificar somente aquilo que é dado "imediatamente" na experiência visual (*NTV* 2), procurando mostrar que a estimativa da distância é mais um ato do juízo, baseado no curso geral da experiência, do que um ato próprio dos sentidos (*NTV* 3). As "aparências", isto é, os conteúdos de estados de consciência visual, não sugerem "imediatamente e por si mesmos" a distância, mas o fazem em conexão com outras ideias, da maneira como nós inferimos o estado de espírito de alguém a partir de sua expressão facial (*NTV* 49). O caso de um

---

[245] GRAYLING, 1986, p. 22.

"cego de nascença" ilustra isso (*NTV* 41): sua experiência visual, estritamente falando, estaria nas mesmas condições que "as mais íntimas paixões da sua alma" porque existiria "na sua mente", e até que aprendesse a interpretar essa "nova série de sensações", por meio de suas conexões com a experiência tátil e demais signos, não seriam atribuídas a objetos distantes, nem teriam qualquer referência exterior. Nesse nível (1), o foco está estritamente voltado para a *fenomenologia* da experiência.[246]

Para aproximar a pesquisa do nível 3 – o nível metafísico, que proporciona a estrutura última da explicação para os níveis 1 (*sense data*) e 2 (fenômenos) –, investigamos a demarcação feita por Berkeley entre ciência e metafísica seguindo a análise do problema do movimento. Por esse caminho, o ponto de chegada é uma concepção instrumental da ciência – posteriormente chamada de *instrumentalismo*.[247] Por ser um dos pontos mais relevantes do trabalho, parece-nos apropriado sintetizar aqui uma interpretação adicional a respeito desse tema.

Tomemos como ponto de partida o pensamento grego. Para os gregos, existia uma diferença entre a astronomia e a física, que foi modificada ao longo da história da filosofia. A astronomia, na verdade, não era considerada uma "ciência" pelos gregos; era uma "técnica" (*Technê*, em grego, significa técnica, ofício, habilidade, arte), que pretendia "salvar as aparências" por meio de hipóteses matemáticas. Em contrapartida, a física (*Physis*, em grego, significa Natureza) era considerada a verdadeira "ciência da realidade". A metafísica, tanto para os gregos quanto para Descartes, é a filosofia primeira, enquanto a física pode ser entendida como uma continuidade da filosofia primeira. Os modernos (Descartes, Kepler e Newton) tentam unificar a astronomia com a física, tornando-a uma "ciência", que pretende explicar o real. Mas esse processo de unificação supõe um rebaixamento da concepção antiga de física, pois o fato de tornar-se um instrumento tira sua dignidade. Como

---
[246] *Ibid.*, p. 29.
[247] *Cf.* NEWTON-SMITH, William Herbert. Berkeley's philosophy of science. *In*: FOSTER, John; ROBINSON, Howard (ed.). *Essays on Berkeley*. Oxford: Clarendon Press, 1985. p. 149-161.

interpretar a crítica de Berkeley a Newton a partir desse quadro? Berkeley mostra que Newton faz astronomia no sentido instrumentalista, pois assume hipóteses matemáticas. Portanto, Berkeley parece identificar as duas concepções (gregos e modernos), sendo retrógrado e moderno ao mesmo tempo. Se a realidade é, de fato, constituída por espíritos e ideias, então a função de explicar o real cabe ao metafísico. A física passa a ser totalmente hipotética e vai se ocupar (como a astronomia dos antigos) das aparências; por isso, é considerada uma técnica instrumental. Quem vai derrubar a ideia de um saber metafísico do real é Kant. Para ele, a ciência deve ser colocada no campo dos fenômenos – portanto, a física ainda é ciência – e a metafísica deve ocupar-se das questões referentes à moral. Para Berkeley, a física lida com os fenômenos, ou seja, com o mundo da experiência, do qual Berkeley tira o estatuto do real, porque este pertence à metafísica.

A crítica de Berkeley a Newton tem dois aspectos: o lado negativo, que aponta o erro de Newton – ter projetado o simbolismo matemático metafisicamente na realidade –; e o lado positivo, que é a solução instrumentalista. Existe um preconceito de que cada palavra, para ser significativa, tem que estar associada a uma ideia. Entretanto, podemos usar as palavras instrumentalmente, como uma maneira legítima de organizar um cálculo. Nesse caso, podemos manter o cálculo infinitesimal e os conceitos da mecânica newtoniana, sem hipostasiar as palavras. Essa é a solução instrumentalista e não referencialista, que dá sentido à crítica de Berkeley.

Berkeley não pretende abandonar o cálculo, nem deixar de usar o conceito de força. Berkeley pretende preservar o senso comum, portanto não quer chocar ninguém. A linguagem permite usar palavras que não significam nada – por exemplo, a palavra "força", que não corresponde a nenhuma ideia. No entanto, pode haver proposições que estão associadas a uma relação entre ideias. Desse modo, a proposição como um todo vai ter um conteúdo empírico associado. O conceito de "força" não representa uma ideia, mas um instrumento. O símbolo "F" é um elemento de cálculo matemático que funciona para organizar a experiência, mas não tem nenhum peso ontológico.

Essa análise é diferente da que Berkeley faz no caso da construção da distância, porque ele aceita que se trata de uma ideia, porém não de uma ideia percebida pelo sentido da visão. A distância é uma ideia que resulta da combinação de ideias visuais e de ideias táteis, aí incluindo as ideias de movimento próprio, que podemos chamar de ação ou de movimento, no sentido muscular. Portanto, é diferente da análise de força, que é um cálculo ou recurso simbólico usado para simplificar o discurso sobre o mundo. Nesse sentido, Berkeley precisa deixar claro que os cálculos de Newton são válidos como caráter instrumental, e não como revelação ontológica e absoluta do mundo.

A teoria berkeleyana da percepção envolve aspectos ontológicos que subordinam os princípios epistemológicos às questões espirituais. Do rigor racional que caracteriza à ciência decorre uma visão de mundo mecanicista e materialista, que considera o tempo, o espaço e o movimento como entidades absolutas e independentes do sujeito, dando origem à concepção de um universo-relógio.[248] A intuição sensível, por outro lado, subsiste no âmbito da experiência e da percepção humana e é a ela que Berkeley apela para contrapor à lógica racional da ciência uma visão mística do mundo e da natureza. Em relação ao misticismo, que insiste em esconder-se nas entrelinhas deste trabalho, a seguinte passagem pode auxiliar-nos a fixar nossos pensamentos:

> Considero a ciência e o misticismo como manifestações complementares da mente humana, de suas faculdades intelectuais e intuitivas. O físico moderno experimenta o mundo através de uma extrema especialização da mente racional; o místico, através de uma extrema especialização de sua mente intuitiva. As duas abordagens são inteiramente diferentes e envolvem muito mais que uma determinada visão de mundo físico. Entretanto;

---

[248] Não estamos pensando aqui no mecanicismo cartesiano, e sim no mecanicismo de Newton.

> são complementares, como aprendemos a dizer em Física. Nenhuma pode ser realmente compreendida sem a outra; nenhuma pode ser reduzida à outra. Ambas são necessárias, suplementando-se mutuamente para uma compreensão mais abrangente do mundo. Parafraseando um antigo provérbio chinês, os místicos compreendem as raízes do Tão, mas não os seus ramos; os cientistas compreendem seus ramos, mas não as suas raízes. A ciência não necessita do misticismo e este não necessita daquela; o homem, contudo, necessita de ambos. A experiência profunda da mística é necessária para a compreensão da natureza mais profunda das coisas e a ciência é essencial para a vida moderna. Necessitamos, na verdade, não de uma síntese, mas de uma interação dinâmica entre intuição mística e a análise científica.[249]

Certamente, Berkeley não nega que, em certo sentido, existem objetos físicos, mas eles são construções hipotéticas, e não objetos imediatos da percepção. Portanto, a descrição científica do mundo é uma descrição alternativa daquilo que nós percebemos, e não uma descrição de "outro mundo". Por isso, é inútil perguntar se a descrição científica é mais adequada que a descrição cotidiana. A verdade científica, como sugere Thomas Kuhn, é uma espécie de negociação; e a adequação à realidade, uma ilusão.[250]

Por último, destacamos três aspectos da filosofia de Berkeley que podem incentivar pesquisas futuras sobre a relação da obra do filósofo com alguns desenvolvimentos alternativos das questões aqui discutidas.

    a. A teoria do conhecimento de Berkeley parte da análise das nossas ideias (*idealismo*) enquanto fluxo sensível da experiência humana (*empirismo*), que se opõe às filosofias

---

[249] CAPRA, Fritjof. *O Tao da Física*. São Paulo: Cultrix, 1995. p. 228. O filme *Mindwalk* (1990), baseado na obra do mesmo autor – CAPRA, Fritjof. *O ponto de mutação*. São Paulo: Cultrix, 1982 –, mostra um poeta insatisfeito com as teorias científicas e um político incapaz de aplicá-las à sociedade. São visões de mundo diferentes, cada uma com suas peculiaridades.

[250] Cf. KUHN, Thomas Samuel. *A estrutura das revoluções científicas*. São Paulo: Perspectiva, 1987.

da representação – inspiradas na teoria corpuscular. Berkeley recusa qualquer concepção de substância material (*imaterialismo*), adotando uma posição *fenomenalista*, na qual nós percebemos a realidade imediatamente através do que nos é dado (*sense data*), isto é, os dados dos sentidos em nosso espírito. Esse é o *realismo espiritual* de Berkeley, fundamentado na relação entre percepção e experiência. Grayling pensa que Berkeley teve uma influência considerável no *fenomenalismo* de Bertrand Russell; e Tipton no de Stuart Mill.

b. A concepção metafísica de causalidade formulada por Berkeley admite como única causa do mundo a substância espiritual, isto é, o Espírito ou Mente Universal (Deus). A mente humana, entretanto, é um espírito finito que pode operar com ideias, ou seja, impressões sensíveis (percepções), causadas diretamente por Deus. Portanto, existe uma dependência ontológica das ideias e dos espíritos finitos em relação a Deus. Em vista disso, podemos pensar a filosofia de Berkeley como uma ontologia espiritual (*espiritualismo*) ou – seguindo os passos de Bergson – como um *misticismo*.

c. A linguagem, na filosofia de Berkeley, além de ser considerada uma forma prática de comunicação entre os homens, permite compreender a relação entre percepção sensível e ideias, caracterizando, dessa maneira, uma linguagem divina. Peirce, tendo em vista o argumento berkeleyano de que toda linguagem significativa deve ser equiparada (*matched*) à experiência sensível, reconheceu Berkeley como o precursor do pragmatismo: "Berkeley, de modo geral, tem mais direito que qualquer outro um homem de ser considerado o introdutor do pragmatismo na filosofia".[251]

---

[251] PEIRCE, Charles Sanders. Correspondência a William James. Carta de Peirce a James, de 23 de janeiro de 1903, reproduzida em Ralph Barton Perry, *The Thought and Character of William James*, v. 2 (Boston, 1936), II, p. 425, 1903.

REFERÊNCIAS

Obras de George Berkeley

BERKELEY, George; LUCE, Arthur Aston (ed.); JESSOP, Thomas Edmund (ed). *The Works of George Berkeley Bishop of Cloyne*. Nendeln, Liechtenstein: Kraus Reprint, 1979. 9 v.

Outras obras

ABRAHAM ZUNINO, Pablo Enrique; ZUNINO, Pablo. Diálogo entre bispos: percepção, tempo e música em Berkeley e Agostinho. *In*: ENCONTRO NACIONAL DE PESQUISADORES EM FILOSOFIA DA MÚSICA, 1., 2006, São Paulo. *Anais* [...]. São Paulo: USP, 2005.

AGOSTINHO, Santo. *Confissões*. São Paulo: Nova Cultural, 1991. (Os Pensadores).

ALEXANDER, Peter. Boyle and Locke on primary and secondary qualities. *In*: TIPTON, Ian Charles. *Locke on Human Understanding*. London: Oxford University Press, 1977. p. 62-76.

ARISTÓTELES. *Acerca del Alma*. Introdução, tradução e notas de Tomás Calvo Martínez. Madrid: Gredos, 1988.

ARISTÓTELES. Metaphysics / On the soul. *In*: ROSS, William David. (ed.). *The works of Aristotle*. Chicago: Encyclopædia Britannica, 1952.

ARISTÓTELES. *Categories and De interpretation*. Tradução de J. L. Ackrill. Oxford: Clarendon Press, 1963.

ASHER, Warren. Berkeley on absolute motion. *History of Philosophy Quarterly*, Illinois, Estados Unidos, v. 4, n. 4, p. 447-466, out. 1987.

AYERS, Michael Richards. The ideas of power and substance in Locke's philosophy. *In*: TIPTON, Ian Charles (ed.). *Locke on human understanding*. London: Oxford University Press, 1977. p. 77-104.

BERGSON, Henri. A intuição filosófica. *In*: BERGSON, Henri. *Conferências*. São Paulo: Abril Cultural, 1984. (Os Pensadores).

BERLIOZ, Dominique. *Berkeley*: un nominalisme réaliste. Paris: Vrin, 2000.

BORGES, Jorge Luis. La encrucijada de Berkeley. *In*: BORGES, Jorge Luis, *Inquisiciones*. Buenos Aires: Proa, 1925.

BORGES, Jorge Luis. Nueva refutación del tempo. *In*: BORGES, Jorge Luis, *Otras inquisiciones*. Madrid: Alianza, 1981.

BORGES, Jorge Luis. O disco. *In*: BORGES, Jorge Luis. *O livro de areia*. São Paulo: Globo, 1995.

BOYLE, Robert. The origin of forms and qualities. *In*: STEWART, Michael Alexander. (ed.). *Selected Philosophical Papers of Robert Boyle*. Manchester: Hackett Publishing Company, Inc., 1979. p. 18-53.

BRYKMAN, Geneviève. *Berkeley*: philosophie et apologétique. Paris: Vrin, 1984.

BRYKMAN, Geneviève. *Berkeley et le voile des mots*. Paris: Vrin, 1993.

CAPRA, Fritjof. *O ponto de mutação*. São Paulo: Cultrix, 1982.

CASSIRER, Ernst. *El problema del conocimiento II*. México: Fondo de Cultura Económica, 1956.

CASSIRER, Ernst. *Ensaio sobre o homem*. Lisboa: Guimarães Editores, 1960.

DESCARTES, René. *La Dioptrique*. Edição, apresentação e notas de F. Alquié. Paris: Garnier, 1963. (Oeuvres Philosophiques). Tomo 1.

DESCARTES, René. *Objeções e Respostas*. São Paulo: Nova Cultural, 1988. (Os Pensadores).

DESCARTES, René. *Princípios de filosofia*. Lisboa: Edições 70, 1997.

GALILEI, Galileu. *O ensaiador*. São Paulo: Nova Cultural, 1996. (Os Pensadores).

GRAYLING, Anthony Clifford. *Berkeley*: the central arguments. Illinois: Open Court, 1986.

GRICE, Herbert Paul. The causal theory of perception. *In*: WARNOCK, Geoffrey James (ed.). *The philosophy of perception*. Oxford: Oxford University Press, 1967.

GUEROULT, Martial. *Berkeley*: quatre études sur la perception et sur Dieu. Montaigne: Aubier, 1956.

KANT, Immanuel. *Crítica da Razão Pura*. São Paulo: Nova Cultural, 1999. (Os Pensadores).

KANT, Immanuel. *Prolegômenos a toda a metafísica futura que queira apresentar-se como ciência*. Lisboa: Edições 70, 1987.

KAWANO, Marta. *A linguagem dos homens e a linguagem de Deus*: sobre a crítica à filosofia em G. Berkeley. 2000. Dissertação (Mestrado em Filosofia) – Universidade de São Paulo, São Paulo, 2000.

KAZMIERCZAK, Marcin. *La metafísica idealista em los relatos de Jorge Luis Borges*. 2000. Tese (Doutorado em Filosofia) – Universidad Autônoma de Barcelona, Bellaterra, Espanha, 2001.

KOYRÉ, Alexandre. *Do mundo fechado ao universo infinito*. Rio de Janeiro: Forense-Universitária, 1986.

KUHN, Thomas Samuel. *A estrutura das revoluções científicas*. São Paulo: Perspectiva, 1987.

LEBRUN, Gerárd. Berkeley ou le scéptique malgré lui. *Manuscrito*, Campinas, XI, v. 11, n. 2, p. 33-48, out. 1988.

LEIBNIZ, Gottfried. *New Essays on human understanding*. Cambridge: Cambridge University Press, 1996.

LLOYD, Peter. *Consciousness and Berkeley´s metaphysics*. [S. l.]: Ursa, 1999.

LOCKE, John; FRASER, Alexander Campbell (ed.). *An essay concerning human understanding*. Oxford: Clarendon Press, 1894.

LOUET, Daniel. La critique de l'absolutisme newtonien chez Leibniz et Berkeley. *Revue de Métaphysique et de Morale*, Paris, França, v. 93, n. 4, p. 447-468, 1988.

LOWE, Edward Jonathan. *Locke on human understanding*. London, New York: Routledge, 1879.

LUCE, Arthur Aston. *Berkeley's immaterialism*. London: Nelson, 1945.

LUCE, Arthur Aston. *The dialectic of immaterialism*: an account of the making of Berkeley's 'Principles'. London: Hodder ans Stoughton, 1963.

LUCE, Arthur Aston. *Berkeley and Malebranche*. Oxford: Oxford University Press, 1934.

MACH, Ernst. *The science of mechanics*. LaSalle, Illinois: Open Court Publishing, 1942.

MACKIE, John Leslie. *Problems from Locke*. Oxford: Clarendon Press, 1976.

MALEBRANCHE, Nicolas. *The search after truth*. (Tradução de Lennon e Olscamp). Cambridge: Cambridge University Press, 1997.

MERLEAU-PONTY, Maurice. *Fenomenologia da percepção*. São Paulo: Martins Fontes, 1994.

NEWTON, Isaac (1687). *Philosophiae naturalis principia mathematica*. Tradução de Pablo Mariconda. São Paulo: Abril Cultural, 1979. (Os Pensadores).

NEWTON, Isaac. *Opticks*. New York: Dover Publications, 1952.

NEWTON-SMITH, William Herbert. Berkeley's philosophy of science. *In*: FOSTER, John; ROBINSON, Howard (ed.). *Essays on Berkeley*. Oxford: Clarendon Press, 1985. p. 149-161.

PASCAL, Blaise. *Pensées*. Tradução de William Finlayson Trotter. London: [s. n.], 1931.

PESSIN, Andrew. Malebranche's "Vision in God". *Philosophy Compass*, Nova Jersey, Estados Unidos, v. 1 n. 1, p. 36-47, 2006.

PITCHER, George. *Berkeley*. México: Fondo de Cultura Económica, 1983.

POPPER, Karl. A note on Berkeley as precursor of Mach. *In*: CROMBIE, Alistair Cameron (ed.). *George Berkeley bicentenary*. New York, London: Garland, 1988.

SABATO, Ernesto. *Hombres y engranajes*. Buenos Aires: Espasa Calpe; Seix Barral, 1993.

SCHOPENHAUER, Arthur. *O mundo como vontade e representação*. Rio de Janeiro: Contraponto, 2001.

SMITH, Arthur David. Berkeley's central argument against material substance. *In*: FOSTER, John; ROBINSON, Howard (ed.). *Essays on Berkeley*. Oxford: Clarendon Press, 1985. p. 56.

SMITH, Plínio Junqueira. *Ceticismo filosófico*. São Paulo: EPU, Curitiba: Editora da UFPR, 2000.

SMITH, Plínio Junqueira. As respostas de Berkeley ao ceticismo. *Doispontos*, Curitiba, v. 1, n. 2, p. 35-55, 2004.

TIPTON, Ian Charles. *Berkeley*: The Philosophy of Immaterialism. New York: London: Garland, 1988.

TIPTON, Ian Charles. *Locke on human understanding*: selected essays. Oxford, New York: Oxford University Press, 1977.

URMSON, James Opie. *Berkeley*. Oxford, New York: Oxford University Press, 1982.

WALKER, Ralph Charles Sutherland. Idealism: Kant and Berkeley. *In*: FOSTER, John; ROBINSON, Howard (ed.). *Essays on Berkeley*. Oxford: Clarendon Press, 1985.

WARNOCK. *Berkeley*. London: Peregrine, 1969.

WESTFALL, Richard; COHEN, Bernard (org.). *Newton*: textos, antecedentes, comentários. Tradução de Ribeiro. Rio de Janeiro: Eduerj; Contraponto, 2002.

WHITROW, Gerald James. Berkeley´s philosophy of motion. *In*: CROMBIE, Alistair Cameron (ed.). *George Berkeley bicentenary*. New York, London: Garland, 1988.

WINKLER, Kenneth. *Berkeley*: an interpretation. Oxford: Clarendon Press, 1994.